व्यावहारिक निर्देशिका

पटकथा लेखन

व्यावहारिक निर्देशिका

पटकथा लेखन

असग़र वजाहत

राजकमल प्रकाशन

ISBN : 978-81-267-2028-6

मूल्य : ₹495

पहला संस्करण : 2011
चौथा संस्करण : 2022

प्रकाशक : राजकमल प्रकाशन प्रा.लि.
1-बी, नेताजी सुभाष मार्ग, दरियागंज
नई दिल्ली-110 002

शाखाएँ : अशोक राजपथ, साइंस कॉलेज के सामने, पटना-800 006
पहली मंज़िल, दरबारी बिल्डिंग, महात्मा गांधी मार्ग, प्रयागराज-211 001

वेबसाइट : www.rajkamalprakashan.com
ई-मेल : info@rajkamalprakashan.com

मुद्रक : बी.के. ऑफसेट
नवीन शाहदरा, दिल्ली-110 032

VYAVAHARIK NIRDESHIKA : PATKATHA LEKHAN
by Asghar Wajahat

भूमिका

भारतीय मीडिया और मनोरंजन उद्योग की गिनती तेज़ी से विकसित होनेवाले उद्योगों गें की जाती है। फेडरेशन ऑफ इंडियन चैम्बर्स ऑफ कॉमर्स (फिक्की) और केपीएमजी के अनुसार भारत में मीडिया और मनोरंजन उद्योग 12.5 प्रतिशत की दर से प्रति वर्ष बढ़ेगा और 2013 तक यह लगभग तीस बिलियन डालर का उद्योग होगा।

मीडिया और मनोरंजन उद्योग के दो विशेष स्तम्भ फिल्म और टेलीविजन हैं। इन उद्योगों में भी लगातार वृद्धि की निश्चित सम्भावनाएँ आँकी जाती हैं। विश्वस्त सूत्रों के अनुसार टेलीविजन उद्योग की विकास दर 14.5 प्रतिशत प्रति वर्ष और फिल्म उद्योग की विकास दर 18 प्रतिशत प्रति वर्ष होगी। भारतीय फिल्म और टेलीविजन उद्योग अन्तर्राष्ट्रीय बाज़ार में मजबूती से अपने पैर जमा चुके हैं।

ऐसे स्पष्ट संकेत मिल रहे हैं कि भारतीय फिल्म और टेलीविजन उद्योग अन्तर्राष्ट्रीय स्तर पर अधिक महत्त्वपूर्ण भूमिका का निर्वाह करेगा। ऐसी स्थिति में निश्चित रूप से फिल्मों और टी.वी. कार्यक्रमों के निर्माण में तेज़ी आएगी। संख्या की दृष्टि से भारत में सबसे अधिक लगभग 800 फिल्में प्रति वर्ष बनाई जाती हैं। यह संख्या हॉलीवुड में बनाए जानेवाली फिल्मों से अधिक है।

टेलीविजन उद्योग के निरन्तर विकास के कारण ही आज देश में चार सौ से अधिक टी.वी. चैनल हैं और दर्शकों की संख्या 400 मिलियन से अधिक हो गई है। दो दर्जन से अधिक बड़ी प्रोडक्शन कम्पनियाँ टी.वी. कार्यक्रम बनाने में संलग्न हैं।

फिल्म और टी.वी. के सर्वाधिक लोकप्रिय कार्यक्रम धारावाहिक के लिए पटकथा अनिवार्य है। इसके अतिरिक्त डाक्युड्रामा और डाक्युमेंट्री फिल्मों के लिए भी दृश्य-श्रव्य केन्द्रित लेखन आवश्यक है। फिल्म और टेलीविजन के व्यापक होते क्षेत्र में शिक्षापरक/ज्ञानपरक मल्टीमीडिया कार्यक्रम भी आकर जुड़ गए हैं। ज्ञान और शिक्षा के अपार भंडार को दृश्य-श्रव्य माध्यम से उपलब्ध करने की चुनौती भारत सरकार के मानव-संसाधन मंत्रालय के अतिरिक्त अनेक

अन्य संगठनों ने ली है। इन कार्यक्रमों को बनाने के लिए भी पटकथा का होना अनिवार्य है।

यह सर्वमान्य तथ्य है कि प्रोग्राम प्रोडक्शन के क्षेत्र में यदि अभाव है तो पटकथा लेखकों का है। इसके कई कारण हैं। प्रोग्राम प्रोडक्शन सम्बन्धी तकनीकी प्रशिक्षण देने के लिए देश में कई बड़े-बड़े संस्थान हैं जो कैमरा, साउंड रिकार्डिंग, लाइटिंग आदि की श्रेष्ठ शिक्षा देते हैं लेकिन उनकी तुलना में पटकथा लेखन के पाठ्यक्रम बहुत कम हैं। जिन संस्थानों में पटकथा लेखन के कार्यक्रम चलाए जाते हैं वहाँ प्राय: अच्छे शिक्षकों की कमी बनी रहती है और यह भी ज़रूरी नहीं है कि अच्छा पटकथा लेखक अच्छा शिक्षक भी हो। इन परिस्थितियों में पटकथा प्रशिक्षण अपनी प्रारम्भिक अवस्था में है। लेकिन पटकथाकारों की माँग लगातार बढ़ रही है। आवश्यकता इस बात की है कि नए अनुभवों से सम्पन्न युवा पटकथाकार उद्योग जगत में आएँ और नए विषयों पर नए ढंग से काम करें।

पटकथा लेखन प्रशिक्षण की अपर्याप्त सुविधाओं के अतिरिक्त समस्या यह भी है कि पटकथा लेखन पर उपयोगी पुस्तकें भी उपलब्ध नहीं हैं। सिनेमा के इतिहास, सिद्धान्तिकी और समीक्षा पर तो पुस्तकें उपलब्ध हैं लेकिन पटकथा लेखन पर कोई ऐसी पुस्तक नहीं है जो पटकथा सीखनेवाले छात्रों तथा अन्य के लिए व्यावहारिक निर्देशिका हो।

प्रस्तुत पुस्तक में सिनेमा के इतिहास, सैद्धान्तिकी और समीक्षा इत्यादि पर कोई चर्चा नहीं की गयी है क्योंकि इस पुस्तक का उद्देश्य पटकथा के व्यावहारिक पक्ष को सामने लाना है। यह पटकथा लेखन में रुचि लेनेवाले विद्यार्थियों तथा अन्य के लिए बहुत उपयोगी सिद्ध हो सकती है। इस व्यावहारिक निर्देशिका में पटकथा के एक-एक बिन्दु की चर्चा की गई है। पुस्तक का उद्देश्य है कि इसके माध्यम से पटकथा लेखन की तकनीक सीखी जा सके।

आशा है प्रस्तुत पुस्तक अपना उद्देश्य पूरा करेगी।

–असग़र वजाहत

जून, 2010
दिल्ली

अनुक्रम

पटकथा क्या है?

पटकथा अंग्रजी शब्द स्क्रीन प्ले का अनुवाद है। फिल्म या टेलीविजन के पर्दे पर कथात्मक कार्यक्रम बनाये जाने के लिए एक व्यापक रूपरेखा तैयार की जाती है। इस रूपरेखा से यह अनुमान लगाया जा सकता है कि छायांकन और सम्पादन के बाद चलचित्र पर्दे पर कैसे दिखाई देंगे तथा उनके माध्यम से कहानी कैसे सामने आयेगी। पटकथा, कथा का वह रूप है जिसके आधार पर निर्देशक बनाये जाने वाली फिल्म के भावी स्वरूप का अनुमान लगा सकता है। निर्देशक फिल्म की गति, उतार–चढ़ाव, द्वंद्व और अंतर्द्वंद्व की योजना को समझ सकता है। वह चरित्र चित्रण के सभी पक्षों की जानकारी संयोजित कर सकता है। पटकथा के माध्यम से दृश्यों तथा संवादों की जानकारी मिलती है। वे स्थान निर्धारित होते हैं जहां शूटिंग होना है। सम्पादन के मुख्य बिंदु भी पटकथा निर्धारित करती है। पटकथा के माध्यम से अभिनेता फिल्म में अपनी भूमिका समझते हैं। उन्हें विभिन्न दृश्यों की जानकारी मिलती है। पटकथा से ही उन्हें संवादों की पूरी जानकारी प्राप्त होती है। पटकथा के आधार पर कैमरामैन, साउण्ड रिकार्डिस्ट तथा तकनीकी टीम को अपनी भूमिका और जिम्मेदारियां समझने का अवसर मिलता है। पटकथा के आधार पर ही शूटिंग शैड्यूल बनाया जाता है।

पटकथा का आधार कहानी है। कहानी से ही पटकथा बनाने का काम शुरू होता है।

फिल्म और टी.वी. कार्यक्रम के आधार लेखन को पटकथा कहते हैं।

पटकथा के माध्यम से निर्देशक, अभिनेता, कैमरा मैन, साउंड रिकार्डिस्ट आदि दिशा निर्देश पाते हैं।

कहानी पटकथा का आधार होती है।

कहानी क्या है?

कहानी की कोई सर्वमान्य परिभाषा नहीं है।

आमतौर पर माना जाता है कि किसी घटना, पात्र या समस्या पर केन्द्रित कथात्मक अभिव्यक्ति से कहानी का जन्म होता है।

कहानी के मुख्य तत्त्व
कथानक
- पात्र
- संवाद
- चरित्र चित्रण
- परिवेश
- द्वंद्व
- उद्‌देश्य

कहानी की कोई ऐसी परिभाषा नहीं है जिससे सभी आलोचक और कथाकार सहमत हों। लेकिन आमतौर पर यह माना जाता है कि जीवन की किसी छोटी-सी घटना, किसी भावना, संवेदना, समस्या के कथात्मक स्वरूप को कहानी कहते हैं।

कहानी का जन्म मानव सभ्यता के विकास के साथ ही माना जाता है। अपनी बात कहने और दूसरे की बात सुनने की स्वाभाविक इच्छा ने कहानी को जन्म दिया होगा। कल्पना करना भी सहज मानवीय स्वभाव है। विवरण देते समय कल्पना का समावेश कहानी को विस्तार देता है। नाटकीयता में भी मनुष्य को सहज आकर्षित करने का गुण हैं। ये सारे तत्त्व कहानी के निर्माण में सहायक सिद्ध होते हैं।

प्राचीन कहानियाँ आदिवासी समाजों, धर्म ग्रंथों, गाथाओं और दास्तानों आदि में मिलती हैं। इनसे श्रोता या पाठक को जीवन और जगत को समझने की प्रेरणा मिलती है। दूसरे व्यक्तियों, समाजों, समस्याओं, भावनाओं के बारे में जानकारियां तथा सीख प्राप्त करना भी मानव स्वभाव है। यही कारण है कि कहानियों में आकर्षित करने का अद्‌भुत गुण है।

कहानी में एक केन्द्रीय कथानक (थीम) होता है। कहानी प्रायः किसी छोटे प्रसंग से शुरू होती है लेकिन अनुकूल और प्रतिकूल परिस्थितियों के द्वंद्व के कारण इसका विकास होता है। विकास का एक बिंदु ऐसा आता

है जब केन्द्रीय कथानक में उप कथानक भी शामिल हो जाते हैं। लेकिन उपकथानकों का अपना अलग, मुख्य कथानक से अलग कोई स्वतंत्र अस्तित्व नहीं होता। वे प्रभावशाली हो सकते हैं पर कहानी के अंत में उन्हें मुख्य कथानक का ही हिस्सा बनना पड़ता है।

मुख्य रूप से कहानी का विकास द्वन्द्व के कारण होता है।

किसी भी कथा का एक मुख्य आधार पात्र होते हैं। ये पात्र जानवरों, चिड़ियों, पेड़-पौधों के रूप में भी हो सकते हैं लेकिन प्रायः मनुष्य पात्र ही कहानी के पात्रों की भूमिका निभाते हैं। पात्रों के बिना कथा आगे नहीं बढ़ सकती क्योंकि घटनाओं के घटने तथा उसे बताने का माध्यम पात्र ही बनते हैं।

कथा का मुख्य आधार पात्र होते हैं।

कहानी में पात्र कई तरह के होते हैं। कुछ पात्र अच्छे होते हैं और कुछ बुरे होते हैं। अच्छे पात्रों को नायक और बुरे पात्रों का खलनायक कहा जाता है। पात्र आपस में जो कुछ कहते और सुनते हैं उसे संवाद कहा जाता है। संवाद के माध्यम से न केवल पात्रों का चरित्र चित्रण होता है बल्कि कहानी आगे बढ़ती है।

मुख्य कथानक से ही उप कथानक जन्म लेते हैं और फिर मुख्य कथानक में ही शामिल हो जाते हैं।

कहानी को आगे बढ़ाने का काम द्वंद्व (कॉन्फिलिक्ट) करता है। अगर दो पात्र किसी एक मत से पूरी तरह सहमत हों तथा उसका कोई नया आयाम न निकल रहा हो तो संवाद आगे नहीं बढ़ता। लेकिन यदि उसमें असहमति हो तो संवाद आगे बढ़ता है। इसलिए द्वंद्व कहानी का एक प्रमुख तत्त्व माना जाता है। द्वंद्व केवल खलनायक के माध्यम से नहीं बल्कि विपरीत परिस्थितियों के कारण भी पैदा होता है।

द्वंद्व केवल खलनायक के माध्यम से ही नहीं बल्कि विपरीत परिस्थितियों से भी उत्पन्न होता है।

कहानी किसी स्थान पर, किसी परिवेश में घटती है उस स्थान या जगह का अपना स्वरूप होता है। जैसे रेलवे स्टेशन, होटल या कालेज का कैम्पस आदि। कहानी में स्थान को दर्शाया जाना जरूरी है। इसे वातावरण चित्रण कहा जाता है। बिना वातावरण चित्रण के पात्रों द्वारा बोले संवाद या उनके एक्शन समझ में नहीं आते।

वातावरण चित्रण के बिना कथानक और पात्रों का विकास नहीं होता।

कहानी में एक जिज्ञासा का समाधान होता है तो उससे बड़ी जिज्ञासा जन्म लेती है।

कहानी के अन्त में द्वंद्व की चरम अवस्था क्लाइमेक्स या चरम उत्कर्ष कही जाती है।

इसलिए कहानी के केन्द्रीय मूल तत्त्वों में परिवेश या वातावरण को शामिल किया जाता है।

अपने सभी तत्त्वों के साथ कहानी आगे बढ़ती है। कहानी पात्रों और परिस्थितियों आदि के द्वंद्व के कारण पाठक के मन में जिज्ञासा को जगाती हुई क्रमशः समाधान करती आगे बढ़ती है। कहानी में यदि एक छोटी जिज्ञासा का समाधान हो जाता है तो दूसरी उससे बड़ी जिज्ञासा पैदा हो जाती है। इस तरह कहानी क्रमशः जिज्ञासाओं का समाधान और निर्माण करती आगे बढ़ती है। नयी जिज्ञासाएं पुरानी की तुलना में अधिक बड़ी होती हैं। कुछ कहानियों में एक प्रमुख जिज्ञासा लगातार बढ़ती रहती है और कहानी के अंत में ही उसका समाधान होता है। इसके विपरीत कुछ कहानियों में छोटी जिज्ञासाओं का समाधान होता रहता और अन्य बड़ी जिज्ञासाएँ उत्पन्न होती रहती हैं।

कहानी के सबसे प्रमुख द्वंद्व और उसके कारण जन्मी जिज्ञासा कहानी के अंत में अपने चरम बिंदु (क्लाइमेक्स) तक पहुंचती है। यह बिंदु पाठक के लिए अत्यंत रोचक होता है। वह जानना चाहता है कि कहानी का अंत कैसे होगा? नायक और खलनायक के द्वंद्व का किस तरह समाधान होगा? कहानी के अंत में द्वंद्व की चरम अवस्था क्लाइमेक्स या चरम उत्कर्ष कही जाती है। इसके बाद ही कहानी में समाधान होता है।

कहानी के प्रकार

कहानियाँ कई तरह की होती हैं। दरअसल जीवन में जितनी विविधता है उतनी ही विविधता कहानी में दिखाई पड़ती है। समय के साथ-साथ कहानी के प्रकार भी बढ़े हैं। कहानी ने नए रूप लिए हैं और अपने को समय की ज़रूरतों के हिसाब से नए अंदाज़ में ढाला है।

कहानी के प्रकारों के प्रायः निम्न आधार माने जाते हैं।

(क) विषय वस्तु
(ख) भाव प्रधानता
(ग) मनोविज्ञान
(घ) शैली
(ङ) कहानी के किसी एक तत्त्व की प्रधानता
(त) विचारधारा केन्द्रित

(क) विषय वस्तु : विषय वस्तु कहानी के प्रकार का आधार बनती है। जीवन के विविध विषयों पर कहानियाँ लिखी जाती हैं। विषय-वस्तु के आधार पर कहानियों के निम्न प्रकार बनते हैं :

(i) सामाजिक कहानियाँ
(ii) राजनैतिक कहानियाँ
(iii) ऐतिहासिक कहानियाँ
(iv) धार्मिक कहानियाँ
(v) आंचलिक कहानियाँ

आंचलिक कहानियों को सामाजिक कहानियों के अन्तर्गत भी रखा जा सकता है। लेकिन पिछले

कहानी के प्रकारों का आधार

(क) विषय वस्तु

(ख) भाव प्रधानता

(ग) मनोविज्ञान

(घ) शैली

(ङ) कहानी के किसी एक तत्व की प्रधानता

(च) विचारधारा केन्द्रित

तीस-चालीस वर्षों में आंचलिक जीवन पर कहानी लिखने की परम्परा इतनी मजबूत हो गई है कि उसका अलग से उल्लेख करना ज़रूरी है।

कुछ कहानियों में कहानी के विभिन्न प्रकारों का सम्मिश्रण भी किया जाता है।

(ख) भाव प्रधानता : विषय वस्तु के अतिरिक्त कहानी में कभी-कभी एक विशेष प्रकार के भाव की बहुलता दिखाई पड़ती है। भाव श्रेणी के अन्तर्गत उन कहानियों को स्थान दिया जाता है जिनमें एक भाव प्रधान होता जैसे–

(i) प्रेम प्रधान कहानी
(ii) त्याग प्रधान कहानी
(iii) प्रतिशोध प्रधान कहानी
(iv) समर्पण प्रधान कहानी

कहानी में पात्रों का प्रभावशाली चरित्र चित्रण करने के लिए मनोवैज्ञानिक चित्रण आवश्यक है।

(ग) मनोविज्ञान : उन्नीसवीं शताब्दी में मनोविज्ञान के विकास ने मानव मन के द्वार खोल दिए थे जिन पर रहस्य का पर्दा पड़ा हुआ था। इन विषयों के प्रति लेखकों का आकर्षित होना अनिवार्य था। **मनोवैज्ञानिक कहानी के जन्म** का आधार वे मनोवैज्ञानिक खोजें हैं जो मनुष्य की आन्तरिक भावनाओं का चित्रण और विश्लेषण करती हैं।

मनोवैज्ञानिक कहानियों के अन्तर्गत उन कहानियों को रखा जाता है जो मानव मन की आन्तरिक तरंगों का चित्रण करती हैं। प्राय: निम्न प्रकार की मनोवैज्ञानिक कहानियाँ अधिक प्रचलित हैं –

(i) सेक्स केन्द्रित
(ii) बाल मनोविज्ञान केन्द्रित
(iii) नारी मनोविज्ञान केन्द्रित
(iv) मनोरोग केन्द्रित
(v) स्ट्रीम ऑफ कांशसनेस केन्द्रित

कहानी की नई और पुरानी शैलियों का एक साथ भी प्रयोग किया जाता है।

(घ) शैली : कहानी का जैसे-जैसे विकास होता गया वैसे-वैसे कहानी नई शैलियो में विकसित होती गई। लेखन की दूसरी शैलियों के प्रभाव के कारण कहानी

की जो शैलियां विकसित हुई हैं उनमें से प्रमुख निम्न है :

(क) पत्र शैली
(ख) डायरी शैली
(ग) रिपोर्ट शैली
(घ) समाचार शैली
(ङ) पंचतन्त्र शैली
(च) लोक शैली
(छ) प्रतीकात्मक शैली
(ज) फैंटेसी शैली

(ङ) कहानी के किसी एक तत्त्व की प्रधानता : कहानी में कई तत्त्वों का संयोजन होता है। इनमें से किसी एक तत्त्व को अधिक प्रधानता देकर भी कहानी लिखने का प्रचलन है। इनके अन्तर्गत निम्न प्रकार की कहानियाँ लिखी जाती हैं।

(क) संवाद प्रधान
(ख) वातावरण प्रधान
(ग) पात्र प्रधान

(त) विचारधारा केन्द्रित : साहित्य में समय-समय पर विभिन्न वैचारिक और साहित्यिक आन्दोलन चलते रहे हैं उनका प्रभाव भी कहानी पर पड़ता है तथा वैचारिक और साहित्यिक आन्दोलनों के आधार पर कहानी का वर्गीकरण किया जाता है। इसके अन्तर्गत प्राय: कहानी के निम्न प्रकार बनते हैं

(क) आदर्शवादी कहानी
(ख) आदर्शोन्मुख यथार्थवादी कहानी
(ग) यथार्थवादी कहानी
(घ) समाजवादी यथार्थवादी कहानी
(ड.) जादुई यथार्थवादी कहानी

कहानियों के अन्य प्रकार

1. सत्य कथाएं
2. जानवरों की कहानियाँ
3. परियों की कहानियाँ
4. डरावनी कहानियाँ
5. युद्ध कहानियाँ
6. खेल कहानियाँ
7. विज्ञान कहानियाँ
8. धार्मिक कहानियाँ
9. हास्य कहानियाँ
10. व्यंग्य कहानियाँ

पटकथा के लिए कहानी कैसी हो?

कहानी में मनोरंजन के तत्त्व होने चाहिए।

मौलिकता कहानी की अनिवार्य शर्त है।

कहानी के कथानक का सीधा, स्वाभाविक होना आवश्यक है।

कहानी का प्रासंगिक होना जरूरी है।

कहानी के तत्त्वों में संतुलन होना चाहिए।

किसी भी तरह की कहानी पर पटकथा लिखी जा सकती है और फिल्म बन सकती है। लेकिन पटकथा लिखने के लिए कहानी का चुनाव बहुत ही महत्वपूर्ण होता है। कहानी फिल्म का मूल आधार बनती है और कहानी 'अच्छी' या 'खराब' होने से फिल्म की सफलता और असफलता तय होती है। चूंकि फिल्म और टी.वी. बहुत महंगे माध्यम हैं इसलिए इसके व्यावसायिक पक्ष का ध्यान रखना भी जरूरी होता है। कहानी चुनते समय यह सोचना बहुत आवश्यक है कि कहानी फिल्म के लिए क्यों चुनी जा रही है? क्या कहानी दर्शकों को पसंद आयेगी?

पिछले दस पन्द्रह साल में सिनेमा के दर्शकों का 'प्रोफाइल' भी काफी बदल गया है। अब पढ़े-लिखे, समझदार, सुरूचिपूर्ण और कलात्मकता की मांग करने वाले मध्यमर्गीय दर्शकों की संख्या बहुत बढ़ गयी है। इस प्रकार के दर्शक विदेशों में भी बड़ी संख्या में हैं। आज हिन्दी फिल्मों के लिए विदेशी बाज़ार एक बड़ा बाज़ार बन गया है। इसलिए अब ऐसी कहानियों तथा विषयों पर भी फिल्में बन रही हैं और सफल हो रही हैं जिन पर शायद चालीस-पचास साल पहले फिल्म बनना कठिन था। कहानी की लोकप्रियता तथा 'टारगेट आडियंस' पर विचार करने के बाद कहानी में कुछ नया होना भी आवश्यक है। घिसे-पिटे और पुराने विषयों पर प्रायः अच्छी और सफल फिल्में बनाना कठिन काम है

और यह ख़तरा प्रायः समझदार और अनुभवी निर्देशक तथा निर्माता नहीं उठाते। इस तरह कहानी में कुछ नया होना और कहानी का प्रासांगिक तथा मनोरंजक होना भी बहुत आवश्यक है।

कहानी के कथानक (प्लाट) में एकरूपता होना चाहिए अर्थात वह अपने आप में 'काम्पैक्ट' हो और उसमें अनावश्यक पात्र, उप-कथाएं न जोड़ी गयी हों। दरअसल कहानी के प्लाट का एक 'आर्गेनिक यूनिटी' होना अनिवार्य है। जिस तरह आदमी या पेड़-पौधों और प्रकृति के दूसरे उपादानों में 'यूनिटी' मिलती है वैसी 'यूनिटी' कहानी में भी होनी चाहिए। आदमी के चेहरे पर चार आंख या छह कान देखना कोई पसंद नहीं करेगा। इसी तरह कहानी में भी अत्यधिक पात्र, अत्याधिक घटनाएं, उलझी हुई उप-कथाएं आदि कहानी की 'यूनिटी' को समाप्त कर देती हैं। कहानी के कथानक का सीधा और स्वाभाविक होना अनिवार्य है।

कहानी में प्रारंभ से लेकर अंत का क्रमिक विकास होना आवश्यक है और यह विकास सीधा चरम-उत्कर्ष के बिंदु तक पहुंचना चाहिए। कहानी में पात्रों तथा घटनाओं के बीच एक सतुलन होना चाहिए है। अत्याधिक या अनावश्यक पात्र कहानी के संतुलन को बिगाड़ देते हैं। संतुलन बिगड़ने के बाद कहानी की रोचकता समाप्त हो जाती और वह बोझिल तथा गतिहीन लगने लगती है। इसलिए अनावश्यक पात्रों वाली कहानी को सफल कहानी नहीं माना जा सकता है। कहानी में पात्रों का समुचित विकास नज़र आना ज़रूरी है। कहानी में पात्र के विकास का एक 'ग्राफ' बनता है। वह धीरे-धीरे आगे बढ़ता, बदलता, नया स्वरूप ग्रहण करता है। एक पात्र के साथ प्रायः अन्य पात्र भी अपनी-अपनी दिशा में आगे बढ़ते हैं।

कहानी को रोचक और प्रभावशाली बनाने के लिए उसमें द्वंद्व के तत्त्व का होना जरूरी है। द्वंद्व कहानी में

पात्रों की संख्या संतुलित और कथानक के अनुसार हो।

कहानी में अत्याधिक पात्र, अत्याधिक घटनाएँ, उलझी हुई उपकथाएँ नहीं होनी चाहिए।

पात्रों और घटनाओं के बीच संतुलन होना आवश्यक है।

कहानी में द्वंद्व आवश्यक है।

कहानी का परिवेश स्पष्ट हो।

कहानी में क्रमिक विकास अनिवार्य है।

कहानी में ग़ैर जरूरी उपकथाएं न हों।

नाटकीयता उत्पन्न करता है और नाटकीयता रोचकता को जन्म देती है। इसलिए पटकथा के लिए लिखी जाने वाली कहानियों में द्वंद्व के पक्ष पर विशेष ध्यान देने की आवश्यकता है। कहानी में द्वंद्व प्रायः दो प्रकार का होता है। बाह्य द्वंद्व (External conflict) और आंतरिक द्वंद्व (Internal conflict)। ये कहानी को चरम-उत्कर्ष की ओर बढ़ाते हैं। द्वंद्व पात्रों के बीच भी हो सकता है। कभी यह द्वंद्व मनुष्य और परिस्थितियों के बीच भी चित्रित किया जाता है। इसके अंतर्गत मनुष्य और सामाजिक द्वंद्व के स्वरूप को देखा जाता है। कभी पात्र का अपने आपसे (Inner Self) से भी द्वंद्व चलता है।

कहानी में स्पष्ट चरम उत्कर्ष हो।

कहानी प्रामाणिक परिवेश चित्रण के कारण बहुत प्रभावशाली हो जाती है। कुछ कहानियों में एक ही परिवेश होता है और कहीं परिवेश बदलता रहता है। परिवेश का सीधा प्रभाव पात्रों पर पड़ता है। फिल्म के लिए ऐसी कहानी का चयन किया जाना चाहिए जिसमें परिवेश स्पष्ट हो।

कहानी का उद्देश्य स्पष्ट हो।

प्रायः बड़ी कहानियों में उप-कथाएं होती हैं। ये उप-कथाएं मुख्य कथा की सहायक होती हैं और अंततः मुख्य कथा में मिल जाती हैं। लेकिन उपकथाओं और मुख्य कथा के बीच एक तालमेल और अनुपात होना बहुत ज़रूरी है। बहुत अधिक उप-कथाएं कहानी की मुख्य कथा को कमज़ोर करती हैं। इसलिए फिल्म के लिए ऐसी कहानी को चुनना चाहिए जिनमें ज़्यादा उप-कथाएं न हों और उप-कथाएं मुख्य कथा से निकली हों और उसे मजबूत करती हों।

कहानी में आन्तरिक द्वंद्व और बाह्य द्वंद्व का संयोजन आवश्यक है।

पटकथा के लिए कहानी चुनते समय यह सोचना ज़रूरी है कि कहानी पूरी तरह पटकथा के उपयुक्त होते हुए भी दरअसल संदेश क्या देती है? उसका उद्देश्य क्या है? मनोरंजन प्रधान फिल्मों में भी संदेश होता है।

मुख्य कथा और उसकी उपकथाओं के बीच एक गहरा सम्बन्ध होता है।

वे कहानियाँ या फिल्में कुछ सामाजिक और पारिवारिक मूल्यों को सशक्त करती हैं। भारतीय दर्शक परम्परा और प्रयोग के कलात्मक संयोजन को ही श्रेष्ठ समझता है। संदेशविहीन कहानी की कल्पना करना कठिन है। हर कलाकृति का एक उद्देश्य होता है। कहानी का समसामयिक तथा जनोन्मुखी होना आवश्यक है। इससे कहानी का महत्व बढ़ जाता है। अच्छी कहानी में कलात्मक अभिव्यक्ति और उद्देश्य एक-दूसरे से इस तरह जुड़े होते हैं कि उन्हें अलग नहीं किया जा सकता। लेकिन किसी विचारधारा, समस्या या पात्र के प्रति अतिरिक्त और अनावश्यक उत्साह रचना को उपदेशात्मक बना देते हैं और उपदेश देना कला का काम नहीं है। इसलिए पटकथा के लिए कहानी चुनते समय कहानी के इन दोनों पक्षों को समझना आवश्यक है।

उपकथाएँ मुख्य कथा को सशक्त करती हैं।

कहानी में किसी विचार-धारा, पात्र या समस्या के प्रति अतिरिक्त और अनावश्यक आग्रह नहीं होना चाहिए।

कहानी का काम उपदेश देना नहीं है।

कहानी का विकास कैसे करें

मुख्य घटना या समस्या से जुड़ी अन्य उप-घटनाएं मुख्य कथा को आगे बढ़ाती हैं।

मुख्य पात्र या अन्य महत्त्वपूर्ण पात्रों से संबंधित दूसरे पात्रों से कथा का विस्तार होता है।

मुख्य घटना या समस्या के से संबंधित परिवेश कथा को आगे बढ़ाते हैं।

फिल्म तथा धारावाहिक बनाने के लिए कहानी प्राप्त करने के लिए प्रायः तीन तरीके प्रचलित हैं। पहला तरीका मूल कहानी लिखने का है। इसके अन्तर्गत किसी घटना या पात्र या समस्या को विकसित कर कहानी का रूप दिया जाता है। इस ढंग से जो कहानी लिखी जाती है वह साहित्यिक कहानी से अलग होती है और प्रायः फिल्म स्क्रिप्ट के रूप में विकसित होती है। यह कहानी प्रायः विजुअल प्रधान होती है। यह कहानी फिल्म के स्क्रीन-प्ले जैसी होती है।

कहानी प्राप्त करने का दूसरा तरीका किसी साहित्यिक कृति को आधार बना कर कहानी लिखने का है। इसके अन्तर्गत कहानी उपन्यास या नाटक के आधार पर फिल्म के लिए कहानी विकसित की जाती है। यह प्रक्रिया रूपान्तरण (Adaptation) कहलाती है। ध्यान देने योग्य है कि साहित्यिक कृतियों जैसे–कहानी, उपन्यास और नाटक अपने-अपने निधार्रित 'फार्म' के अन्तर्गत लिखे जाते हैं। उनमें बहुत कुछ 'विजुअल' हो सकता है लेकिन पूरी रचना विजुअल, नहीं होती। उपन्यास तथा कहानी में लेखक विवरण भी देता है। पात्रों के आपसी सम्बन्धों, मनोभावों और घटनाओं के सम्बन्ध में लेखक 'नरेशन' (Naration) देता हुआ कथा को आगे बढ़ा देता है। लेकिन फिल्म

में 'नरेशन' फिल्म की प्रकृति के अनुरूप नहीं माना जाता। इस कारण साहित्यिक रचना के रूपान्तरण में बहुत-सी समस्याएं आती हैं।

कभी-कभी पुरानी या दूसरी भाषाओं में बनीं फिल्मों के आधार पर भी फिल्म की कहानी तैयारी की जाती है। इस प्रक्रिया में निर्देशक मूल फिल्म के सभी पक्षों पर विचार करके यह तय करता है कि फिल्म के कौन से पक्ष, किस पात्र और किस घटना को वह किस रूप में प्रस्तुत करना चाहता है। कभी-कभी निर्देशक मूल फिल्म के कथानक में अपेक्षित परिवर्तन करता है। उसे समय संगत बनाता है और नए आयाम देता है।

कहानी के तीन आवश्यक तत्त्व

1. घटना
2. पात्र
3. परिवेश

कहानी का विकास

कोई छोटी या बड़ी घटना, अखबार की कोई खबर या नया विचार, किसी तरह के रोचक संबंध, खास तरह के लोग, पारिवारिक समस्याएं, सामाजिक जीवन की विसंगतियां, नई या अनहोनी घटनाएं आदि को आधार बनाकर कहानी का विकास किया जाता है।

कहानी में तीन तत्त्व ज़रूर होते हैं–

1. घटना
2. पात्र
3. परिवेश

घटना किसी स्थान पर घटती है और उसमें प्राय: पात्र शामिल होते हैं या उससे प्रभावित होते हैं। इस तरह घटना को पात्रों से या पात्रों को घटना से अलग नहीं किया जा सकता। तीसरा तत्त्व परिवेश है। घटना निश्चित रूप से किसी परिवेश में ही घटती है। इसलिए ये तीनों तत्त्व-अर्थात् घटना, पात्र और परिवेश एक-दूसरे के अविभाज्य हिस्से हैं।

कहानी को विस्तार देने के लिए कल्पना आवश्यक है।

निराधार कोरी कल्पना से बचना ज़रूरी है।

घटना को पूरी कहानी का विस्तार देने के लिए सबसे अधिक आवश्यकता कल्पना की पड़ती है। घटना से संबंधित शोध आदि भी किया जाता है जिससे घटना के आयाम सामने आते हैं लेकिन फिर भी कल्पना ही घटना को कहानी बनाने की कुंजी है।

कल्पना एक दोधारी तलवार है। अगर इसका ठीक तरह से इस्तेमाल न किया जाए तो यह चलानेवाले का ही गला उड़ा देती है। इसका शायद सबसे बड़ा कारण यह है कि कल्पना की कोई सीमा नहीं होती। लेकिन घटना विशेष के आधार पर कहानी विकसित करने के लिए जो कल्पना की जाती है वह सीमाबद्ध होती है। वह एक ऐसी कल्पना होती है जो सर्वमान्य होनी चाहिए। मतलब यह कि निराधार कोरी कल्पना जो पाठक और दर्शक को 'कनविंस' न कर सके अन्ततः बेकार सिद्ध होती है।

तर्कहीन विकास कहानी को कमज़ोर करता है।

कल्पना के आधार को विस्तार देते समय पात्रों और परिवेश को ध्यान में रखना आवश्यक है। विस्तार देने की प्रक्रिया में तर्कसंगत विकास पर केन्द्रित रहना भी आवश्यक है। मतलब यह है कि एक घटना का विस्तार किस क्षेत्र या क्षेत्रों में हो सकता यह समझना आवश्यक है। तर्कहीन विकास कहानी को कमजोर करेगा तथा विस्तार की सम्भावनाएं कम हो जाएगी। घटना को केन्द्र में रखकर निम्न प्रकार से सोचा जा सकता है –

किसी घटना में विस्तार की बहुत संभावनाएँ होती हैं।

(क) घटना की पृष्ठभूमि क्या हो सकती है। अर्थात् यह घटना क्यों घटी होगी?
(ख) घटना का पूरा स्वरूप क्या था?
(ग) घटना में कौन-कौन पात्र शामिल थे?
(घ) घटना में शामिल पात्रों की पृष्ठभूमि।
(ङ) घटना के परिवेश की पूरी जानकारी।
(च) घटना से जुड़ी अन्य सम्भावित घटनाएं और पात्र।
(छ) मुख्य घटना के साथ सम्भावित उप-घटनाएं।

हर पात्र के साथ उसका अपना संसार होता है।

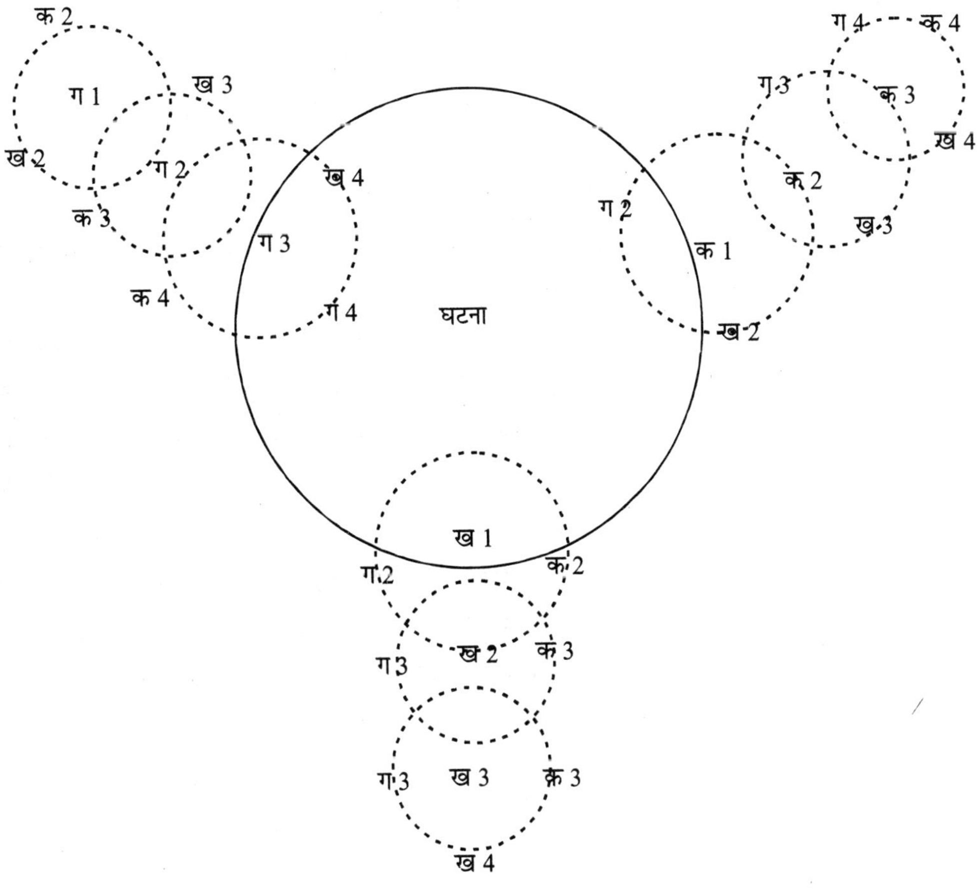

क = पात्र

ख = संभावित संबधित घटना

ग = परिवेश

चार्ट - 1

घटनाओं से जुड़ी अनेक घटनाएं कथा को विस्तार देती हैं।

इन बिंदुओं पर विचार करते हुए घटना को आगे बढ़ाकर कहानी का रूप दिया जा सकता है। चार्ट-1 के माध्यम से यह अधिक स्पष्ट हो जाएगा। घटना, पात्र और परिवेश से अन्य उपकथाओं का जन्म होता है जिनके माध्यम से नए पात्र और परिवेश सामने आते हैं।

परिवेश से पात्रों और घटनाओं का जन्म होता है।

चार्ट-1 में एक बड़ा गोला जो किसी घटना का संकेत है। गोले की परिधि पर क (पात्र) ख (संभावित संबंधित घटना) और ग (परिवेश) अंकित है। यह चार्ट स्पष्ट करता है कि किसी भी घटना में अन्य पात्रों, संभावित संबंधित घटनाओं और संबंधित परिवेश की सहज ही कल्पना की जा सकती है। उदाहरण के लिए यदि कोई घटना अस्पताल में घटती है और उसके मुख्य पात्र डॉक्टर और मरीज़ हैं तो इस घटना से जुड़े अन्य पात्र कम्पाउंडर, नर्स, अस्पताल कर्मचारी या मरीज़ के रिश्तेदार और डॉक्टर के दोस्त हो सकते हैं। यदि मुख्य घटना मरीज़ के किडनी प्लांटेशन की है तो इस घटना से जुड़ी और घटनाओं की भी कल्पना की जा सकती है। जैसे किडनी दान देने की घटना, दान देनेवाले का आपरेशन, आपरेशन के बाद दान देनेवाली की समस्याएं आदि। घटना में अस्पताल का परिवेश है। अस्पताल के मिलते-जुलते परिवेश, डॉक्टर का घर, दवाओं की दुकान, ब्लड-बैंक आदि हो सकते हैं।

कहानी के विस्तार में संतुलन आवश्यक है।

कहानी को विस्तार देने के लिए मुख्य घटना से जुड़ी किसी एक घटना पर विचार किया जाए तो उससे संबंधित पात्रों, संभावित घटनाओं और संबंधित परिवेश संबंधी सूत्र मिलेंगे। इसी तरह पात्रों और परिवेश के बिन्दुओं पर विचार किया जाए तो अन्य नए पात्र और परिवेश सामन्ने आएंगे। पात्र, संबंधित संभावित घटनाएं और परिवेश के किसी एक सूत्र से पात्रों, संबंधित संभावित घटनाओं और परिवेश के अनेक सूत्र मिल सकते हैं। उदाहरण के लिए मुख्य घटना के पात्र डॉक्टर से जुड़े अन्य पात्र उसकी पत्नी और बच्चे

हो सकते हैं। पत्नी से जुड़ा पात्र उसका भूतपूर्व प्रेमी हो सकता है। भूतपूर्व प्रेमी से जुड़ा पात्र उसकी नई प्रेमिका हो सकती है।

चार्ट–1 यह बताता है कि पात्र या संभावित घटना और परिवेश के किसी एक बिन्दु से संभावनाओं का जन्म होता है और यह विस्तार लगातार आगे बढ़ता है। कहानी विकास के लिए इन संभावनाओं पर विचार किया जा सकता है और कहानी की आर्गेनिक यूनिटी के अंतर्गत उन्हें कहानी में समाहित किया जा सकता है।

कहानी द्वंद्व के माध्यम से आगे बढ़ती है।

द्वंद्व दो प्रकार का होता है।

1. आंतरिक द्वंद्व
2. बाह्य द्वंद्व

द्वंद्व की भूमिका

कहानी को आगे बढ़ाने के लिए द्वंद्व (Conflict) का प्रयोग किया जाता है। द्वंद्व से मतलब एक–दूसरे से विरोधी विचारों व्यक्तियों, परिस्थितियों का आपस में टकराना है। कहानी में द्वंद्व का लगातार बढ़ना जरूरी है। द्वंद्व कई तरह से दर्शाया जा सकता है। सबसे पहले प्रायः कहानी में एक केन्द्रीय द्वंद्व होता है जो लगातार आगे बढ़ता जाता है और अन्त में चरम–उत्कर्ष (Climax) तक पहुंचता है। इस केन्द्रीय द्वंद्व से उप–द्वंद्व निकलते हैं जिन्हें उप–कथाएं सामने लाती हैं। उप–द्वंद्व बहुत दूर तक नहीं जाते लेकिन कहानी की रोचकता बनाए रखते हैं। उप–द्वंद्व का होना इसलिए अनिवार्य और आवश्यक है कि मुख्य द्वंद्व के समाधान में समय लगता है तथा वह एक पूरी प्रक्रिया से गुज़रता है। उप–द्वंद्व दर्शक को बांधे रखते हैं क्योंकि एक उप–द्वंद्व का समाधान हो जाता है तो उसके गर्भ से एक दूसरा उप–द्वंद्व निकल आता है। ये उप–द्वंद्व रिज़ाल्व तो

द्वंद्व विपरीत परि-स्थितियों या मान्यताओं के कारण भी पैदा होता है।

द्वंद्व से ही उपद्वंद्व जन्म लेते हैं।

उपद्वंद्व मुख्य द्वंद्व को अधिक तीव्र कर देते हैं।

होते हैं पर मुख्य द्वंद्व को बढ़ाते चले जाते हैं। जिस समय उप-द्वंद्व बहुत तीव्र हो जाता है उस समय कुछ देर के लिए मुख्य द्वंद्व 'हाईबरनेशन' में चला जाता है। लेकिन जैसे ही उप-द्वंद्व का समाधान होता है वैसे ही लगता है कि इस समाधान ने मुख्य द्वंद्व को और ज्यादा तीव्र कर दिया है। यह क्रमशः होता है चित्र में 'क' मुख्य द्वंद्व है जिससे 'ख' उप-द्वंद्व का जन्म होता है। यह उप-द्वंद्व बहुत जल्दी ही तीव्र हो जाता जिसके कारण 'क' की तीव्रता कम हो जाती है।

उपकथा की भूमिका

उप-द्वंद्व, मुख्य द्वंद्व में समाहित हो जाते हैं।

कहानी के विकास में उप-कथाओं का बहुत महत्त्वपूर्ण योगदान होता है। उप-कथाएं मुख्य कथानक से निकलती हैं और मुख्य कथानक में आकर जुड़ जाती हैं। उप-कथाओं के कुछ पात्र मुख्य कथा में महत्त्वपूर्ण भूमिकाएं निभाते हैं।

उप-कथाओं के प्रमुख होते ही मुख्य कथा गौण हो जाती है। उपकथा का विकास मुख्य कथा के समानान्तर होता है लेकिन उपकथा अपनी परिधि पूरी करने के बाद मुख्य कथा में समाहित हो जाती है। इसके कारण मुख्य कथा में अधिक प्रभाव पैदा हो जाता है।

उप-द्वंद्व के कारण प्रमुख द्वंद्व हाइबरनेशन में चला जाता है।

क—मुख्य कथा

ख—मुख्य कथा से निकली उपकथा

ग—स्वतन्त्र उपकथा जो मुख्य कथा से मिल जाती है

उप-कथाएं प्रायः मुख्य कथा के प्रारम्भिक हिस्से में ही सामने आ जाती हैं और फिर उनका विकास होता रहता है। उप-कथाएं आमतौर पर मुख्य कथा के आगे बढ़ जाने के बाद नहीं शुरू होतीं। जैसे-जैसे कहानी आगे बढ़ती जाती है वैसे-वैसे द्वंद्व का स्वरूप तीव्र होता जाता है।

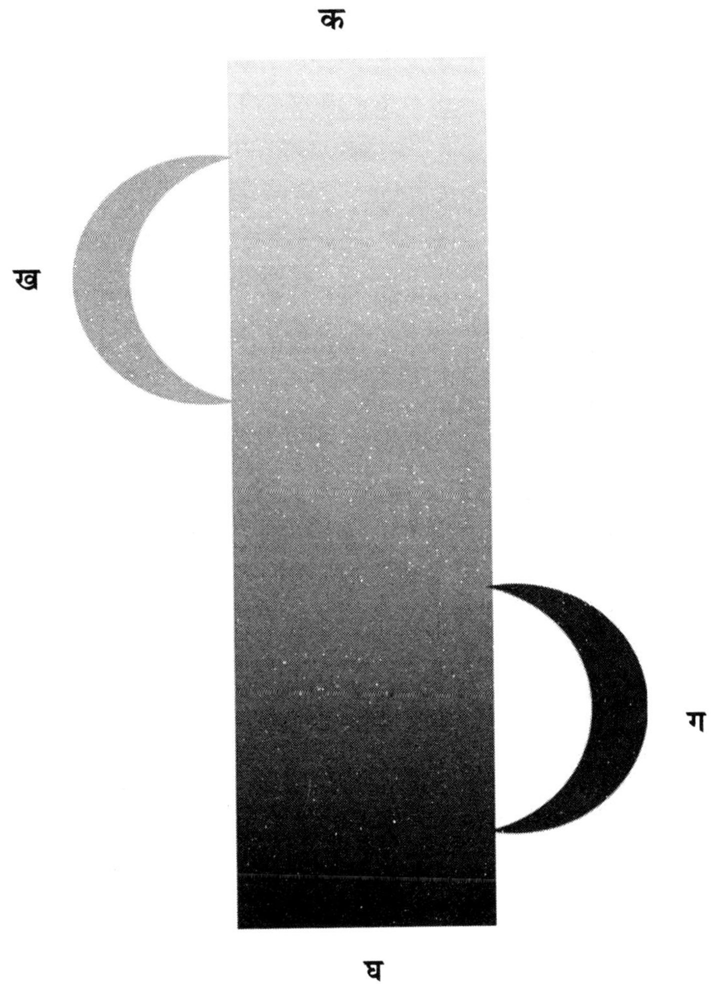

क = कहानी का प्रारम्भिक बिन्दु
ख = उपकथा
ग = उपकथा
घ = चरमोत्कर्ष

चार्ट-2

मुख्य कथा कथा और उपकथाओं के संबंध तथा कहानी के विकास में उनकी भूमिका को समझने के लिए चार्ट-2 में पूरे प्रक्रिया को सामने रखा गया है। 'क' मुख्य कथा है। मुख्य कथा प्रारंभ हो जाती है और उसके बाद 'ख' उप-कथा शुरू होती है। उप-कथा के शुरू होते ही मुख्य कथा 'क' गौण हो जाती है और पूरा ध्यान उपकथा पर चला जाता है। उप-कथा का एक अंश पूरा होने के बाद वह मुख्य कथा में समाहित हो जाती है। इसके फलस्वरूप मुख्य-कथा का घनत्व बढ़ जाता है। मतलब यह कि उप-कथाएं मुख्य कथा को अधिक गहन बनाने का काम करती हैं।

प्रायः मुख्य कथा के प्रारंभिक भाग से ही उप-कथाएं सामने आती हैं।

उप-कथाएं प्रमुख होती हैं तो मुख्य कथा गौण हो जाती है।

उप-कथाएं मुख्य कथा को अधिक सघन बनाती हैं।

चरमोत्कर्ष से पहले उप-कथाएं समाप्त हो जाती है।

पात्रों का विकास कैसे करें

कहानी में घटनाएं पात्रों के माध्यम से घटती हैं। पात्रों की भूमिका के कारण ही कहानी आगे बढ़ती है। पात्रों के आपसी सम्बन्ध कहानी को नए मोड़ देते हैं। कहानी के आगे बढ़ने के साथ-साथ पात्रों में गहनता और तीव्रता आती-जाती है। पात्र परिस्थितियों के अनुसार बदलते रहते हैं। दरअसल पात्र कहानी की आत्मा का एक सशक्त हिस्सा होते हैं। अच्छे से अच्छा कथानक बिना सशक्त पात्रों के कोई प्रभाव नहीं उत्पन्न कर सकता। इसीलिए कहानी में पात्रों के विकास पर पर्याप्त ध्यान दिया जाना आवश्यक है।

पात्रों के माध्यम से कहानी आगे बढ़ती है।

लेखक और पात्र के बीच सशक्त और जीवंत रिश्ता होना बहुत आवश्यक है। पात्र के बारे में लेखक की विशद जानकारी चित्रण में बहुत सहायक सिद्ध होती है। सबसे पहले पात्र को समझने के लिए पात्र का विश्लेषण करना आवश्यक है। हर पात्र के दो रूप होते हैं।

पात्रों के बारे में समग्र जानकारी जरूरी है।

1. बाह्य रूप
2. आन्तरिक रूप

पात्रों के दो रूप होते हैं।
(क) बाह्य रूप
(ख) आन्तरिक रूप

बाह्य रूप के अंतर्गत यह निश्चित किया जाता है कि पात्र कैसा लगता है। उसकी कद, काठी कैसी है? उसका चेहरा-मोहरा कैसा है। उसके हाथ पैर कैसे हैं? वजन कितना है? उसके चलने-फिरने, खाने-पीने का क्या तरीका है? उसकी भाव-भंगिमाएं कैसी हैं? वह क्या पहनता-ओढ़ता है?

पात्र का बाह्य स्वरूप आंतरिक स्वभाव के अनुकूल होना चाहिए।

पात्र के बाह्य और आन्तरिक रूप में तालमेल आवश्यक है। पात्र का बाह्य रूप उसके आंतरिक रूप के अनुसार ही निधार्रित किया जाता है।

पात्र के आन्तरिक रूप के अन्तर्गत पात्र के स्वभाव को निधार्रित किया जाता है। पात्र की भावनाओं और उसके विचारों को समझा जाता है। कहानी में पात्र के मन में जो भाव या विचार आते हैं उनका लेखा-जोखा करना ज़रूरी है। इस तरह पात्र का इमोशनल ग्राफ (Emotional graph) बनाया जाता है।

प्रत्येक पात्र का इमोशनल ग्राफ बनाना आवश्यक है।

पात्रों के आपसी रिश्ते तय करने के बाद प्रत्येक पात्र का भावनात्मक और पारस्परिक सम्बन्ध भी सुनिश्चित करना ज़रूरी है। एक पात्र प्रत्येक स्थिति में किसी दूसरे पात्र के साथ संवेदना (Emotion) के एक स्तर पर नहीं रहता। पात्र परिस्थिति तथा समय के अनुसार बदलता रहता है।

पात्रों के परस्परिक संबंधों के आधार पर उसकी भावनात्मक रूपरेखा तैयार की जाती है।

पात्रों के बारे में ऊपर दिए गए बिंदुओं के अलावा निम्न जानकारियाँ भी आवश्यक हैं –

1. पात्र की पारिवारिक पृष्ठभूमि
2. पात्र की सामाजिक, सांस्कृतिक पृष्ठभूमि
3. पात्र का वर्ग
4. पात्र का धर्म और जाति
5. व्यवसाय
6. शिक्षा
7. भाषा

ऊपर दिए गए बिंदुओं को निधार्रित करने के बाद पात्र का एक स्पष्ट रूप तय होता है। ध्यान देने योग्य बात यह है कि पात्र गतिशील होता है। वह कहानी या फिल्म में हर स्थान पर हर स्थिति में एक-सा नहीं रहता। इसलिए पात्र की गतिशीलता का एक ग्राफ बनना आवश्यक है।

पात्र की गतिशीलता पर ध्यान देना आवश्यक है।

पात्रों का आन्तरिक और बाह्य स्वरूप निर्धारित करने के बाद उनका विकास प्राय: निम्न तरीकों से किया जाता है –

1. पात्र के बाह्य रूप द्वारा
2. क्रिया-कलापों के माध्यम से चरित्र-चित्रण
3. भावनाओं के माध्यम से चरित्र-चित्रण
4. संवादों के माध्यम से चरित्र-चित्रण
5. पात्रों का नामकरण

दृश्य माध्यम में पात्र के बाह्य स्वरूप का बहुत महत्त्व होता है।

1. पात्र का बाह्य रूप

फिल्म जैसे दृश्य माध्यम में पात्र के बाह्य रूप का महत्त्व बहुत बढ़ जाता है। यही कारण है कि फिल्म की कहानी विकसित करने वाले लेखक भी पात्र के बाह्य स्वरूप के प्रति बहुत सचेत होते हैं।

फिल्म में दर्शक पात्र को सबसे पहले देखता है, उसके बाद सुनता है और उसके बाद कुछ करते हुए देखता है। यह प्रक्रिया फिल्म माध्यम के कारण ही सम्भव है। पात्र को पर्दे पर देख कर दर्शक उसके बारे में धारणा बनाता है। दरअसल कहानीकार और निर्देशक अपने पात्र के बारे में जो धारणा बनाना चाहता वैसा 'गेट अप' पात्र को दिया जाता है।

फिल्म में दर्शक पात्र को पहले देखता है, उसके बाद सुनता है और फिर उसे कुछ करते हुए देखता है।

बाह्य रूप में सबसे पहले दर्शक की नज़र पात्र के कपड़ों पर पड़ती है। इसके साथ पात्र का शरीर और चेहरा दर्शक को आकर्षित करते हैं।

पात्र की वेश-भूषा पर भी ध्यान देना आवश्यक है।

कपड़े और चेहरे का स्वरूप पात्र को एक निश्चित 'कैरेक्टर' देते हैं।

2. क्रिया-कलापों के माध्यम से चरित्र-चित्रण

पात्र के क्रिया-कलापों से उसके चरित्र का विकास होता है।

पात्र कहानी या फिल्म में जो करता है उसके माध्यम से भी उसके चरित्र का विकास किया जाता है। पात्र

का स्वरूप निर्धारित करने के बाद लेखक निर्देशक पात्र के क्रिया कलापों को ध्यान से रेखांकित करता है और अनुमान लगाता है कि दर्शक पात्र के बारे में क्या वही धारणा बनाएगें जो निर्देशक चाहता है या नहीं?

भावनाओं के सटीक चित्रण से पात्र का विकास होता है।

कुछ क्रिया-कलाप कहानी का अभिन्न हिस्सा होते हैं लेकिन कुछ ऐसे भी काम हो सकते हैं जो कहानी का मुख्य हिस्सा न होते हुए भी चरित्र के विकास में सार्थक योगदान देते हैं।

3. भावनाओं के माध्यम से चरित्र-चित्रण

भावनाओं का चित्रण अभिनय, एक्शन और संवाद के माध्यम से किया जाता है।

क्रिया-कलापों के अलावा पात्र की भावनाएँ भी उसके चरित्र का विकास करती हैं। भावनाएँ पात्र के स्वभाव को अधिक प्रभावशाली ढंग से प्रस्तुत करने का काम करती हैं। इनके कारण पात्र न केवल रोचक और आकर्षक बनता है बल्कि उसमें स्वाभाविकता भी आती है।

भावनाओं के सटीक चित्रण से भी पात्र का विकास होता है। पात्र की भावनाएं चित्रित करने के प्रायः तीन तरीके हैं। पहला अभिनय द्वारा, दूसरा एक्शन द्वारा और तीसरा संवाद द्वारा। पटकथा लेखक इन तीनों तरीकों को चिह्नित करता है और उनका विकास करता है।

पात्र के संवाद उसका चरित्र-चित्रण करते हैं।

4. संवादों के माध्यम से चरित्र-चित्रण

संवाद केवल सम्प्रेषण ही नहीं बल्कि चरित्र-चित्रण भी करते हैं।

संवादों के माध्यम से चरित्र का विकास कई तरह से किया जा सकता है। पात्र जो संवाद बोलता है वह उसके चरित्र को सामने रखते हैं। निश्चित रूप से पात्र अपनी भूमिका के अनुसार संवाद बोलते हैं लेकिन संवादों की गुणवत्ता से पात्र के चरित्र-चित्रण पर बहुत गहरा प्रभाव पड़ता है। इस कारण संवाद केवल सम्प्रेषण (Communication) ही नहीं करते बल्कि चरित्र-चित्रण भी करते हैं।

संवाद पात्र का विकास निम्न प्रकार से करते हैं–

(क) पात्रों द्वारा बोले गए संवादों के माध्यम से

(ख) किसी पात्र विशेष की अनुपस्थिति में उसके बारे में अन्य पात्रों द्वारा बोले गए संवादों से

(ग) स्वगत कथन (Monolouge) के माध्यम से

5. पात्रों का नामकरण

पटकथा में पात्रों के नाम के माध्यम से भी उनका चरित्र-चित्रण होता है। लेखक और निर्देशक पात्रों को ऐसे नाम देते हैं जो उनके स्वभाव और उनकी भूमिका से मेल खाते हों। इस तरह के नाम न केवल पात्र की पहचान बन जाते हैं बल्कि कभी-कभी उसके वास्तविक नाम की जगह पर प्रयोग किए जाने लगते हैं।

शब्द को उच्चारित करने से कुछ ध्वनियां निकलती हैं। कुछ ध्वनियाँ कानों को बहुत साधारण लगती हैं और आमतौर पर उनका कोई प्रभाव नहीं पड़ता लेकिन कुछ ध्वनियां एक भाव संसार की रचना करती हैं। नायक, खलनायक, सह-नायक, विदूषक, नायिका आदि के नाम रखने के पीछे पहला तर्क यही होता है कि नाम उनकी प्रकृति से मेल खाता हुआ हो और ऐसी ध्वनि संभावित हों जो नाम को सार्थकता प्रदान करें।

पात्रों के नामों का सीधा संबंध निम्न तथ्यों से होता है–

1. कहानी में पात्र की भूमिका
2. परिवेश से पात्र का संबंध
3. काल विशेष में नाम का औचित्य

कहानी विकास

उदाहरण-1

कभी-कभी अखबार में छपी कोई ख़बर या कहीं घटी कोई घटना कहानी का आधार बन सकती है।

नीचे दिया गया समाचार 2 अक्टूबर, 2006 को 'द एशियन एज' नामक अंग्रेजी अखबार में छपा था।

No taker for Pak man's body

BY OUR CORRESPONDENT

Jaipur, Oct. 1: Junaid, a Pakistan national's body has been lying at morgue in Jaipur's SM Hospital for the last 19 days. No one has come from the Pakistani side to claim his body.

Junaid, 70, was arrested in 2000 when he entered into Indian territory through Sriganganagar in Rajasthan and was charge for visa rules violation. Since then, Junaid was languishing in jail and was admitted to SM Hospital because of a psychiatric problem.

Hailing from Pakistan Punjab's Monga under Bahavalpur district, Junaid died on September 11 under mysterious circumstance. The administration had constituted an enquiry committee to probe the reasons to his death while human right activists are demanding a judicial probe.

The administration had informed the Pakistan embassy of Junaid's death with a request to claim his body. But till now, it has not recived any response. "We have spoken to embassy authorities and they told us that they have not got the right address of Junaid to verify the case, Kakita Srivastava, People's Union for Civil Liberties spokesperson said.

"Junaid deserve a dignified burial on his own home land," she maintained. She requested both the countries to consider such cases with a humanitarian aspect.

(Acknowledgement 'The Asian Age')

'द एशियन एज'

2 अक्टूबर, 2006

पाकिस्तानी की लाश लेने वाला कोई नहीं

संवाददाता

जयपुर अक्तूबर 1 : पाकिस्तानी जुनैद की लाश जयपुर के एस.एम. अस्पताल में पिछले उन्नीस दिन से पड़ी है। पाकिस्तान से कोई उसकी लाश लेने नहीं आया है।

सत्तर वर्षीय जुनैद को सन् 2000 में उस समय गिरफ्तार किया गया था जब वह राजस्थान के श्रीगंगानगर की भारतीय सीमा में घुस आया था। उस पर वीज़ा नियमों के उल्लंघन का आरोप लगाया गया था। उस समय से जुनैद जेल में बंद था और मानसिक समस्या के कारण एस.एम. अस्पताल में भरती कराया गया था।

पाकिस्तान के बहावलपुर जिले के मोंगा क्षेत्र से आये जुनैद का रहस्यमय परिस्थितियों में 17 सितम्बर को निधन हो गया था। जिला प्रशासन ने उसकी मृत्यु के कारणों की पड़ताल करने के लिए एक जांच कमीशन गठित किया था जबकि मानव अधिकार संगठन के सक्रिय सदस्य न्यायिक जांच की मांग कर रहे हैं।

प्रशासन ने पाकिस्तानी दूतावास को जुनैद की मृत्यु की सूचना दे दी है तथा यह अनुरोध किया है कि उसकी लाश ले ली जाये परंतु अब तक इस अनुरोध का कोई उत्तर नहीं आया है।

पीपुल्स यूनियन फॉर सिविल लिबर्टीज़ के प्रवक्ता कपिल श्रीवास्तव ने बताया है कि हम लोगों ने दूतावास के अधिकारियों से बात की है और उन्होंने हमें बताया है कि उनके पास जांच पड़ताल करने के लिए जुनैद का सही पता नहीं है। अपने बयान में कविता श्रीवास्तव ने कहा है – ''अपने वतन में जुनैद को सम्मानजनक अंत्येष्टि का अधिकार है'' उन्होंने दोनों देशों से अपील की है कि ऐसे मामलों पर मानवीय ढंग से विचार करने की आवश्यकता है।

(साभार–*'द एश्यिन एज'*)

यह खबर कहानी का आधार बन सकती है। इसके कई पक्षों पर सोचने की जरूरत है।

1. जुनैद कौन था और वह सत्तर साल की उम्र में बग़ैर पासपोर्ट और वीज़ा लिए गैर कानूनी तरीके से बार्डर क्रास करके क्यों आया था?
2. क्या जुनैद वास्तव में मानसिक रूप से ठीक नहीं था? यदि हां तो ऐसी हालत में उसने बॉर्डर क्यों क्रास किया?
3. क्या जुनैद के परिवार वाले हैं? यदि हां तो क्या उन्हें मालूम था कि जुनैद बॉर्डर क्रास करने जा रहा है?
4. क्या जुनैद ने घरवालों को बताए बिना बॉर्डर क्रास किया था?
5. कौन-सी रहस्यमय परिस्थितियां रही होंगी जिनमें उसकी मृत्यु हुई?

6. पी.यू.सी.एल. की प्रवक्ता ने यह क्यों माना कि जुनैद भारत का ही मूल निवासी था?
7. जुनैद के मरने और जयपुर अस्पताल के मुर्दाघर में 19 दिन से रखी उसकी लाश के बारे में छपी ख़बर उन लोगों ने भी पढ़ी होगी जिन्हें इस प्रसंग से दिलचस्पी हो सकती है। ख़बर पढ़ने के बाद वे लोग क्या कर सकते हैं?
8. जुनैद की मौत और उसकी लावारिस लाश के बारे में पीपुल्स यूनियन फॉर सिविल लिबर्टीज की प्रवक्ता का यह बयान बहुत महत्वपूर्ण है कि इस संबंध में दोनों सरकारों को मानवीय दृष्टिकोण अपनाना चाहिए। क्या इस प्रसंग का कोई मानवीय पक्ष भी हो सकता है? वह क्या हो सकता है?

समाचार के बारे में इन पक्षों को केन्द्र में रख कर कल्पनाएं की जा सकती हैं। जुनैद के बार्डर क्रास करने की जरूर कोई बड़ी वजह रही होगी। हो सकता है जुनैद भारत विभाजन से पहले इसी तरफ रहता हो और विभाजन के बाद उसे पाकिस्तान जाना पड़ा हो। बचपन और लड़कपन की यादें पूरी जिन्दगी पीछा नहीं छोड़ती। बुढ़ापे में खासतौर पर बचपन की यादें बहुत तेज़ और गहरी हो जाती हैं। अब सवाल यह है कि वह पासपोर्ट वीज़ा लेकर क्यों नहीं आया? इसके पीछे यही तर्क हो सकता है कि वह पढ़ा लिखा नहीं था, गरीब था और उसके लिए पासपोर्ट और वीज़ा हासिल करना मुश्किल काम था। दूसरी बात यह भी हो सकती है कि उसका गांव जहां का वह मूल निवासी था, बार्डर के बिल्कुल नज़दीक हो और उसे यह लगा हो कि बड़ी आसानी से अपने गांव पहुंच सकता है और उसके लिए पासपोर्ट वीज़ा वग़ैरा की कोई जरूरत नहीं है। हो सकता है इस काम में किसी तस्कर ने उसकी मदद कर दी हो और वह बार्डर क्रास कर गया हो। क्या ये नहीं हो सकता कि जुनैद जवानी में अपने गांव की किसी लड़की से प्रेम करता हो और उससे मिलने या उसे देखने की चाह उसे अपने मूल गांव लाई हो?

जुनैद जब अपने मूल गांव आया होगा तो उसने क्या किया होगा? दूसरे लोगों पर उसकी क्या प्रतिक्रिया हुई होगी? गांव में उसके पुश्तैनी घर में कौन रह रहा होगा? उसकी पुश्तैनी ज़मीन अब किसके कब्ज़े में होगी? गांव में उसके मित्र भी होंगे। सबसे पहले वह अपने मित्रों से मिला होगा।

'एशियन एज' में छपी खबर अगर लाहौर के किसी अख़बार के सम्पादक ने पढ़ी होगी तो क्या उसके मन में क्या यह न आया होगा कि इस खबर की खोज की जाये और न्यूज़ स्टोरी की कड़ियों को जोड़ा जाये? इस काम के लिए अखबार के सम्पादक ने ज़रूर किसी संवाददाता को उस इलाके में भेजा होगा जहां यह घटना घटी हैं। संवाददाता कौन हो सकता है? लड़का या लड़की? उसके क्या विचार होंगे? जुनैद की कहानी जब धीरे-धीरे खुलेगी तो संवाददाता पर क्या असर पड़ेगा? संवाददाता का सम्पर्क स्थानीय लोगों से हुआ होगा और

उसका अनुभव क्षेत्र बढ़ा होगा जिसका असर भी उस पर पड़ा होगा।

जुनैद की कहानी को राजस्थान से उठा कर अगर पंजाब ले आयें तो रावी नदी के इधर के हिन्दुस्तानी गांव और उधर के पाकिस्तानी गांवों के बीच यह कहानी एक नया अर्थ ले सकती है। कहानी का लोकेशन बदलने के कारण जुनैद का नाम बदल कर शेर अली किया जा सकता है जो पंजाब के मुसलमान किसानों का नाम लगता है।

ऊपर दिये गये बिंदुओं को विस्तार देकर तथा उसमें कल्पना का पुट डालकर उसे कहानी शैली में नीचे दी गयी पक्तियों में प्रस्तुत किया गया है।

कहानी विकास का पहला चरण

1. शेर अली बंटवारे से पहले रावी नदी के इस ओर अजनाला तहसील के एक गांव में रहता था। गांव में उसके परिवार की खेती-बाड़ी और घर आदि थे। शेर अली गांव की एक लड़की अजित कौर से प्रेम करता था। देश का विभाजन हुआ तो गांव के सभी मुसलमान और शेर अली के परिवार को पाकिस्तान जाने पर मजबूर होना पड़ा। शेर अली पाकिस्तान आ गया। यहां उसकी शादी हुई। बाल-बच्चे हुए लेकिन शेर अली अपने गांव और अजित कौर को भूल नहीं सका। जैसे-जैसे उसकी उम्र बढ़ती गई उसे गांव और अजित कौर की यादें अधिक परेशान करने लगीं। उसने अपने बेटों से पासपोर्ट बनवाने और भारत का वीज़ा आदि लगवाने के लिए कहा लेकिन उसके लड़कों ने बाप की इस इच्छा को पूरा नहीं किया। दूसरी ओर शेर अली में अपने पुश्तैनी गांव जाने और अजित कौर से मिलने का जुनून बढ़ता चला गया और वह एक रात चुपचाप घर से निकल गया। किसी तरह उसने रावी नदी पार की और भारत की सीमा में आ गया। यह काम निश्चित रूप से उसने रात में ही किया होगा।
2. गांव पहुंचकर शेर अली अपने सबसे पक्के दोस्त संता सिंह से मिलता है। संता सिंह जानकर डर जाता है कि शेर अली बिना पासपोर्ट और वीज़ा के आया है। शेर अली कहता है वह ज़्यादा दिन यहां नहीं ठहरेगा। जिस तरह आया है उसी तरह चुपके से वापस चला जाएगा। पर जाने से पहले अजित कौर से मिलना चाहता है। अपना घर और खेत देखना चाहता है।
3. शेर अली के घर में अब गुरुचरन रहता है। शेर अली की ज़मीनें भी उसे मिली हैं। शेर अली अपना घर देखने जाता है। वह अपने खेत भी देखता है। गुरुचरन

का एक लड़का रंजीत पुलिस में सब-इंस्पेक्टर है। उसे लगता है कि शेर अली अपनी ज़मीनों पर कब्ज़ा लेने आया है।

4. शेर अली अजित कौर से मिलने जाता है। बताया जाता है कि वह कहीं बाहर गई हुई है और दो-चार दिन में लौट आयेगी। शेर अली उससे मिले बिना कैसे लौट सकता है। वह गांव में रुक जाता है। इससे गुरुचरन का बेटा रंजीत जो पुलिस में सब-इंस्पेक्टर है बहुत घबरा जाता है। लोग भी उसके कान भरने लगते हैं। शेर अली इन सब बातों से बेफिक्र गांव में घूमता है। पुरानी यादें ताज़ा होती हैं।
5. शेर अली अजित कौर से मिलता है। वह पचपन साल की औरत है जिसका भरा-पूरा परिवार है। अजित कौर से मिलने के बाद शेर अली वापस जाने का फैसला कर लेता है। रात में वह संता के घर सो रहा है। संता को पता चलता है कि कुछ लोग शेर अली की हत्या करने आ- रहे हैं। संता सिंह का दरवाजा खटखटाया जाता है। वह शेर अली को घर के पीछे से भगा देता है। हत्या करने वाले शेर अली का पीछा करके उसकी हत्या कर देते हैं और लाश एक कच्ची सड़क के किनारे डाल देते हैं।
6. पुलिस को शेर अली की लाश मिलती है। अखबार में छपे समाचार के अनुसार पाकिस्तानी दूतावास शेर अली के बारे में कुछ नहीं जानता और इसलिए उसकी लाश लेने कोई नहीं आता।
7. शेर अली के बारे में छपी खबर लाहौर के अखबार 'नवाए पाकिस्तान' के एडीटर अमजद कमाल के संपादक पढ़ते हैं। उन्हें लगता है इस खबर पर अच्छी न्यूज़ स्टोरी बन सकती है। वे अपने अखबार की संवाददाता सायमा खान को अमृतसर भेजते हैं। सायमा खान को अपने पाकिस्तानी होने पर गर्व है। वह पाकिस्तान और भारत को दो अलग देश समझती है और किसी तरह के मिले-जुले कल्चर आदि पर विश्वास नहीं करती।
8. सायमा जानती है कि शेर अली की स्टोरी करने के लिए उसे स्थानीय लोगों की सहायता दरकार होगी। उसकी दोस्ती अमृतसर विश्वविद्यालय में पत्रकारिता पढ़ रहे छात्रों के ग्रुप से हो जाती है। वे एक ग्रुप में काम करने लगते हैं। इस ग्रुप में जोत नाम का एक लड़का है जिससे सायमा की पक्की दोस्ती हो जाती है।
9. बहुत मुश्किल से सायमा को शेर अली की कहानी पता लग पाती है। यह कहानी भारत और पाकिस्तान के अखबारों में छपती है। अमृतसर विश्वविद्यालय के पत्रकारिता विभाग के छात्र सायमा खान की सहायता से लाहौर विश्वविद्यालय के छात्रों के सम्पर्क में आते हैं। शेर अली एक तरह से प्रेम का प्रतीक बन जाता

है। दोनों देशों के युवा लोग ई-मेल और एम.एम.एस. के माध्यम से आपस में जुड़ते हैं।

10. शेर अली को युवा लोग सम्मान के साथ दफन करने का आन्दोलन चलाते हैं। पाकिस्तान में भी यही मांग होती है। शेर अली को दफन किया जाता है।

11. सायमा और दूसरे छात्र देखते हैं कि भारत-पाक सीमा तस्करी करनेवाले सरलता से पार कर रहे हैं। दूसरे अपराधी और आतंकवादी भी सीमा पार करते हैं। लेकिन एक प्रेमी, शेर अली ने जब सीमा पार की तो उसे अपनी जान की कीमत चुकानी पड़ी।

12. दोनों देश के युवा आन्दोलन चलाते हैं कि भारत-पाक सीमा मानवीय सीमा होनी चाहिए। आन्दोलन तेज़ होता है। सायमा को अखबार की नौकरी से निकाल दिया जाता है। वह अमृतसर में रह कर ही आन्दोलन नेतृत्व करती है। आखिरकार भारतीय पुलिस उसे पकड़ लेती है। उसे लाहौर पहुँचा दिया जाता है।

13. आन्दोलन के तहत दोनों देश के युवा रावी के किनारे मिलते हैं। पाकिस्तान की तरफ से सायमा आती है। इधर से जोत जाता है। साथ में हज़ारों युवा हैं। जो दोस्ती, भाईचारे और मानवीय सीमा की मांग कर रहे हैं। पुलिस आन्दोलन को दबाती है लेकिन एकता की मांग प्रतीकात्मक रूप से प्रभावशाली बन जाती है।

कहानी विकास का अगला चरण

रात का वक़्त है। चारों तरफ धुप अंधेरा है। एक गांव से निकलकर शेर अली खेतों की तरफ भाग रहा है। कभी-कभी टार्च की लंबी रौशनियां खेतों में दिखती हैं और बुझ जाती हैं। पतली सड़क पर एक जीप आती हुई दिखाई देती है जिसमें हथियारों से लैस कुछ लोग बैठे हैं। एक जगह जीप रुकती है और बंदूक लिए हुए लोग गांव की तरफ भागते हैं। उन्हें शेर अली खेतों के बीच भागता हुआ दिखाई देता है। वे उसका पीछा करते हैं। वह छिपता-छिपाता भागने की कोशिश कर रहा है लेकिन बंदूकधारी उसका निशाना लेकर गोली चला देते हैं। शेर अली गिर जाता है। बंदूकधारी उसके पास आते हैं और जब उन्हें विश्वास हो जाता है कि शेर अली मर चुका है तब लौट जाते हैं।

जीप के चले जाने के बाद खेतों में छुपा संता सिंह बाहर निकलता है और उधर बढ़ता है जिधर गोली चली थी। ये संता सिंह उस आदमी को ढूंढ रहा है जिसे मारा गया है। एक जगह संता सिंह को उस आदमी की लाश मिल जाती है। उसकी कनपटी पर गोली लगी

है। मृत आदमी की उम्र 65 से 70 साल के बीच में हैं। उसके चेहरे पर दाढ़ी है और सिर के बाल झड़े हुए हैं। संता सिंह का 'फ्लैश बैक' शुरू होता है।

(फ्लैश बैक)

सरदार संता सिंह अपने घर में सो रहा है। अचानक बाहर दरवाजे की जंजीर को कोई बजाता है। बाहर कुत्ते भौंक रहे हैं। संता चारपाई से उठकर दरवाजे तक जाता है। बाहर से कोई आदमी कुंडी को फिर खटखटाता है। संता सिंह पूछता है कौन है? बाहरे से आवाज आती है तू बाहर तो निकल। संता दरवाजा खोलकर बाहर आता है तो सामने एक आदमी को खड़ा देखता है।

संता-कौन है तू?

आदमी-मुझे नहीं पहचाना! हां, 45 साल बहुत होते हैं।

संता-क्या तू शेर अली है?

ये आदमी संता सिंह के गले से लग जाता है और रोने लगता है।

शेर अली संता को बताता है कि वह बिना वीजा पासपोर्ट लिए बार्डर क्रास करके आ गया है। विभाजन से पहले शेर अली इसी गांव में रहा करता था। संता सिंह से उसकी बड़ी पक्की दोस्ती थी। संता सिंह शेर अली से यह पूछता है कि वह बिना पासपोर्ट वीजा के क्यों चला आया। शेर अली जवाब देता है कि उसे खुद मालूम नहीं। लेकिन अपना घर, खेत, गांव और अजित कौर को देखने की इतनी ज्यादा इच्छा थी कि वह अपने आपको रोक नहीं पाया। संता सिंह यह समझ जाता है कि शेर अली ने बहुत खतरनाक काम किया है। अगर यहां उसके आने की बात पुलिस को पता लग गई तो वो गिरफ्तार कर लिया जाएगा। शेर अली कहता है कि वह बहुत दिन यहां नहीं रहेगा। बस कल अपना घर, खेत, गांव और अजित को देखकर उसी तरह लौट जाएगा जैसे आया है।

अगले दिन शेर अली संता सिंह के साथ अपने घर जाता है। उसके घर और खेतों पर गुरुचरन सिंह का कब्जा है। गुरुचरन को संता सिंह बताता है कि बंटवारे से पहले ये घर और जमीन शेर अली की थी। गुरुचरन के बेटे रंजीत को ये बात अच्छी नहीं लगती। वह पुलिस में काम करता है।

शेर अली अपना घर और खेत और गांव देखकर बहुत खुश है। वह सबकुछ साफ-साफ बता देता है कि एक-दो दिन बाद वापस चला जाएगा। उसे किसी से कुछ लेना-देना नहीं है।

संता सिंह शेर अली को बताता है अजित कौर की शादी इलाके के सबसे बड़े जमींदार बलवंत सिंह से हो गई थी। अब उसके चार बेटे हैं। भरा पूरा घर है और अब शेर अली को अजीत कौर से मिलने की कोशिश नहीं करनी चाहिए। संता सिंह ये जानता है कि बंटवारे

से पहले शेर अली बड़ा बांका जवान था और अजित कौर गांव की सबसे सुंदर लड़की थी। उस समय ये दोनों एक–दूसरे से प्यार करते थे। पता चलता है कि अजित कौर रिश्तेदारी में कहीं गई हुई है और दो दिन बाद वापस आएगी। अब शेर अली बिना अजित को देखे तो वापस जाने पर तैयार नहीं है। वह गांव में संता के साथ ठहर जाता है। पूरे गांव में खूब घूमता–घामता है। अपने खेत देखने कई बार जाता है।

अजित वापस आ जाती है तो शेर अली उसके घर जाता है। अजीत कौर अपने अहाते में भैसों की देखभाल कर रही है। कई नौकर इस काम में उसकी मदद कर रहे हैं। अजीत कौर शेर अली को पचहान जाती है। डर जाती है और कहती है कि वह फौरन चला जाए। शेर अली कहता है कि वो जान हथेली पर रख कर सिर्फ यहां इसलिए आया है कि अजित उसे एकबार रोटी और छाछ खिला दे।

अजीत कौर उसे डांटती है और कहती है कि वह जल्दी से जल्दी चला जाय नहीं तो उसकी खैरियत नहीं। शेर अली लौटता है। वह अतीत को याद करता है।

(फ्लैश बैक)

शेर अली जवान है। वह तालाब के किनारे झाड़ियों के बीच छिपा बैठा है। एक बहुत खुबसूरत और चुलबुली सी लड़की छाछ और रोटी लेकर उसके पास आती है। दोनों में कुछ बातचीत होती है। शेर अली रोटी खाता है, छाछ पीता है। छाछ का बर्तन खाली हो जाता है। लड़की मजाक में कहती है कि अब इस बर्तन को धो डालो। तुम्हारा झूठा कौन धोएगा। लड़का भी मजाक में गुस्सा होकर कहता है तू धोएगी। लड़की कहती है हट मैं क्यों धोऊंगी? लड़का लड़की को पकड़ने के लिए उठता है लड़की खेतों में भागती है। लड़का उसका पीछा करता है।

(फ्लैश बैक समाप्त)

शेर अली तालाब के किनारे बैठा सोंच रहा है।

गुरूचरन के बेटे रंजीत को लोग समझाते हैं कि शेर अली अपना घर और खेत वापस लेने आया है। अगर उसने पुलिस में यह बयान दे दिया कि वह पाकिस्तान गया ही नहीं था तो उसका घर और खेत वापस करने पड़ेंगे। रंजीत पुलिस वालों से मिलकर उन्हें ये बताता है कि शेर अली गैर कानूनी तरीके पर सरहद पार करके आ गया है। रनजीत और पुलिस वाले मिलकर शेर अली से निपटने का प्लान बना लेते हैं।

एक रात संता सिंह को पता चलता है कि पुलिस और गुरुचरन के लोग शेर अली की हत्या करने के लिए गांव आ रहे हैं। संता सिंह शेर अली से भागने के लिए कहता है। शेर अली रात में निकलकर भागता है। लेकिन उसकी हत्या कर दी जाती है।

(फ्लैश बैक समाप्त होता है)

संता सिंह शेर अली की लाश के पास बैठा है।

'नवाए-पाकिस्तान' के एडिटर अमजद कमाल किसी एजेंसी की खबर पढ़ते हैं कि अमृतसर के अस्पताल में एक पाकिस्तानी की लाश उन्नीस दिन से पड़ी हुई है और उसे लेने कोई नहीं आया। इस ख़बर में यह नहीं बताया गया है कि मरने वा़ला कैसे मरा है। पाकिस्तानी दूतावास ये कहता है कि उसे इस आदमी के बारे में कोई जानकारी नहीं है। इसलिए इसके वारिसों को खबर नहीं की जा सकती।

अमजद कमाल अपने अखबार की संवाददाता सायमा खान से कहता है कि वो अमृतसर जाए और ये स्टोरी करे। सायमा खान की उम्र 26 साल है। उसने अमेरिका से अपनी पढ़ाई पूरी की है। वह बहुत सुंदर है। उसके पिता मियां अहमद नवाज़ पंजाब के बहुत बड़े जमींदार हैं। उनकी कई फैक्टरियां भी चलती हैं। वे कई बार मंत्री रह चुके हैं। पाकिस्तान के 'हाई सर्कल' में उनकी बहुत पैंठ है। उनकी इकलौती बेटी सायमा ये मानती है कि हिंदुस्तान का बंटवारा बिल्कुल सही हुआ था। हिंदू मुसलमान साथ-साथ नहीं रह सकते। पाकिस्तान और भारत के बीच कोई रिश्ता नहीं है। ये दो अलग-अलग देश हैं। दोनों की अलग विचारधारा है।

सायमा खान पहले तो ये कहती है कि ये कोई स्टोरी ही नहीं बनती। लेकिन अमजद कमाल के जोर डालने पर अमृतसर जाने के लिए तैयार हो जाती है। अमजद उससे कहते हैं कि अमृतसर में टाइम्स ऑफ इंडिया के स्पेशल कॉरस्पोंडेंट मधुकर झा उनके साथ बीबीसी में काम कर चुके हैं और वे सायमा की इस मामले में पूरी मदद करेंगे।

सायमा अमृतसर में मुधकर झा के फ्लैट पर पहुंचती है। मधुकर सायमा की पूरी बात सुनकर कहते हैं कि उनके पास टाइम बिल्कुल नहीं है लेकिन उनके लड़के जोत ने इसी साल पत्रकारिता की पढ़ाई पूरी की है वह इस काम उसकी पूरी मदद कर सकता है।

सायमा जोत के साथ अमृतसर मेडीकल कॉलेज में शेर अली की लाश देखने जाती है जिसके बारे में उसे स्टोरी करना है। वह पुलिस से भी मिलती है। उसे यही बताया जाता है कि यह लाश पुलिस को गांव के एक चौराहे पर मिली है। गांव वाले इस आदमी को नहीं जानते। यही अंदाज़ा लगता है कि यह आदमी सरहद पार करके आया है।

सायमा जोत के साथ उस गांव में जाती है जहां शेर अली की लाश पाई गई थी। लेकिन गांव वाले कुछ भी बताने से इंकार कर देते हैं। सायमा और जोत कई दिनों तक आस-पास के गांवों में इस लाश के बारे में जानकारी लेने के लिए लोगों से मिलते हैं लेकिन कोई जानकारी नहीं मिलती है। सायमा अपने एडिटर को ई-मेल करके बताती है कि कुछ पता न हीं चल रहा। एडिटर कहता है कि इसका मतलब है कि कहानी बहुत गहरी है और सायमा को और खोजबीन करनी चाहिए।

जोत के साथ गांव के इलाकों का दौरा करते हुए सायमा को ये लगता है कि जोत बहुत डिवोटेड, इंटेलिजेंट लड़का है। सायमा उसे पसंद करने लगती है। जोत के कुछ दूसरे दोस्त भी सायमा से मिलते हैं। उनका एक पूरा ग्रुप बन जाता है। भारत पाकिस्तान को लेकर इनके बीच बड़ी खुली ओर तीखी बहसें होती हैं। धीरे-धीरे सायमा के मन में भारत के लिए जो खराब भाव था वो निकल जाता है। सायमा इन लोगों के साथ इन्ज्वॉय करती है। लेकिन स्टोरी आगे बढ़ती नहीं दिखाई देती।

एक दिन गांव वालों को ये पता चलता है कि सायमा पाकिस्तान के पंजाबी प्रांत के गांव सतघरा की रहने वाली है। इस गांव में कई परिवार है जो बंटवारे के बाद सतघरा से आए थे। इनको जब पता चलता है कि सायमा मूल रूप से सतधरा की रहने वाली है तो ये लोग उसे बेटी की तरह मानने लगते हैं। एक बुढ़ा सरदार जो सतधरा से आकर यहां बसा था सायमा को बताता है कि शेर अली कौन था। वो यहां कब आया था। उसकी किससे जान पहचान थी। वो ये भी बताता है कि शेर अली को गोली मारी गई थी। जबकी पुलिस रिकार्ड में इसका कोई हवाला नहीं है। सायमा फिर अस्पताल जाकर लाश के देखती है, कपड़ा हटाने को कहती है, वह देखती है कि लाश की कनपटी पर गोली लगी है। सायमा ये खबर अपने संपादक को भेज देती है। यह छपता है कि दरअसल इस आदमी शेर अली की गोली पार कर हत्या की गयी है, पर पुलिस ने यह छिपाया है। पाकिस्तान के अखबारों में ये स्टोरी आती है। जोत इस खबर को भारतीय अखबारों को दे देता है।

धीरे-धीरे सायमा और उसके पूरे ग्रुप को ये पता चल जाता है कि शेर अली एक मामूली किसान था जिसे बुढ़ापे में अपना घर, अपना गांव, अपना खेत और अपनी प्रेमिका अजित कौर को देखने की इच्छा यहां तक खींच लाई थी।

सायमा अपने अख़बार में शेर अली की लव स्टोरी वाली बात भी छपवा देती है, पाकिस्तान में यह प्रेम कहानी लोगों को बहुत प्रभावित करती है।

जोत और सायमा सोंचते हैं कि अपने ग्रुप के साथ मिलकर भारत-पाक सीमा को 'वाच' करेंगे। कुछ ही दिन में उन्हें पता चल जाता है कि इस सीमा को अपराधी पार करते हैं, स्मगलर पार करते हैं, आतंकवादी पार करते हैं लेकिन जब कोई मामूली आदमी इस सीमा को पार करने का काम करता है तो उसका अंजाम शेर अली जैसा होता है।

सायमा ये स्टोरी भी अपने एडिटर को भेज देती है। भारत में भी ये स्टोरी छपती है और माहौल बनता है भारत-पाक सीमा को एक 'सॉफ्ट बार्डर' माना जाय और लोगों को इधर से उधर और उधर से इधर आने की सुविधा दी जाय। सायमा देखती है कि विभाजन के बाद लाहौर से अमृतसर आए परिवार लाहौर जाने और अपना घर देखने के लिए तरस

रहे हैं। दोनों शहरों के बीच पचास मील से कम का फासला है। पर फिर भी वे नहीं जा सकते। 'सॉफ्ट बार्डर' की मांग एक आंदोलन बन जाती है। पंजाब में सायमा और जोत के ग्रुप के लड़के इस मांग को उठाते हैं उन्हें बड़ा समर्थन मिलता है। दूसरी तरफ लाहौर में 'नवाए पाकिस्तान' के एडिटर अमजद कमाल इस आंदोलन को आगे बढ़ाते हैं।

भारत और पाकिस्तान दोनों जगह इस आंदोलन से जुड़े लोग ये कहते हैं कि अगर 'सॉफ्ट बार्डर' के लिए वे बड़े जत्थों में बार्डर तक जाएंगे और उधर से पाकिस्तान के युवा लोग आएंगे। और वे एक-दूसरे के हाथ पकड़ कर एक 'ह्यूमन चेन' बनाएंगे।

आंदोलन तेजी पकड़ लेता है। सरकार सायमा को गिरफ्तार करने का फैसला करती है लेकिन उसके ग्रुप के युवा लड़के और लड़कियां सायमा की निगरानी करते रहते हैं। लेकिन मौका पाकर एक दिन पुलिस सायमा को उठा ले जाती है। जोत और उसके साथी पुलिस पार्टी का पीछा करते हैं लेकिन पुलिस सायमा को पाकिस्तान जाने वाले जहाज पर बैठा देती है।

'ह्यूमन चेन' बनाने वाला दिन नजदीक आता है। दोनों तरफ से पुलिस का बड़ा पक्का इंतजाम है। भारत की सीमा के तरफ पुलिस प्रर्दशन करने वालों को खदेड़ती है। प्रदर्शन करने वालों के साथ आस-पास के गांव के लोग भी शामिल हो जाते हैं। प्रदर्शन करने वालों पर आंसू गैस फेंकी जाती है, डंडे चलाए जाते हैं। सैकड़ों लोग इधर और उधर दोनों तरफ़ बार्डर तक आने की कोशिश करते हैं। पाकिस्तान की तरफ से प्रदर्शनकारी बड़े-बड़े पोस्टर दिखाते हैं जिनमें लिखा है 'वी लव यू जोत' 'वी लव यू अजित कौर'। भारत की तरफ से भी 'वी लव यू सायमा' के बोर्ड दिखाये जाते हें, दोनों तरफ के प्रर्दशनकारी दिल के 'शेप' के गुब्बारे उड़ाते हैं दिल 'शेप' की पतंगे उड़ाई जाती हैं। जो आसमान में गले मिलती हैं।

जोत और उसके ग्रुप को ये पता लग जाता है कि दूसरी तरफ सायमा और उसके साथी रावी किनारे तक पहुंच गए हैं। आखिरकार एक जगह भारत और पाकिस्तान के ग्रुप कुछ देर के लिए ह्यूमन चेन बनाने में कामयाब हो जाते हैं। उसी वक्त आंसू गैस के गोले वहां गिरते हैं और फायरिंग की आवाजें आती हैं। पूरे पर्दे पर धुआं और धुंधली छायाएं दिखाई देती हैं। बैकग्राउंड में गीत और संगीत की आवाजें गुंजती हैं। आकाश में हरे और तिरंगे रंग के गुब्बारे और पतंगें एक दूसरे से मिल जाते हैं।

कहानी विकास

उदाहरण-2

कहानी का विकास का दूसरा तरीका किसी छोटे प्रसंग को विस्तार देकर कहानी बनाने का भी है। इसके अन्तर्गत एक ऐतिहासिक प्रसंग को आधार बनाकर कहानी विकसित करने का उदाहरण दिया जा रहा है।

उर्दू के प्रसिद्ध लेखक अब्दुल हलीम 'शरर' ने लखनऊ के इतिहास, समाज और संस्कृति पर ''गुज़िश्ता लखनऊ'' नामक एक महत्वपूर्ण पुस्तक लिखी है। जिसका हिन्दी अनुवाद ''पुराना लखनऊ'' और अंग्रेजी अनुवाद ''लखनऊ, द लास्ट फ़ेज़ ऑफ एन ओरियण्टल कल्चर'' के नाम से प्रकाशित हुए हैं। इस पुस्तक में 18वीं शताब्दी के लखनऊ में रहने वाले कुछ विलक्षण कलाकारों के रोचक प्रसंग दिए गये हैं। लखनऊ के नवाब गाजीउद्दीन हैदर (1769-1827) के समय में एक गायक सिड़े हैदरी खां के नाम से बहुत मशहूर थे। उनका प्रसंग नीचे उद्धृत है।

'ग़ाजीउद्दीन हैदर के जमाने में इस कला (गायन) का एक बहुत बड़ा आचार्य लखनऊ में मौजूद था जिसका नाम हैदरी था। यह साहब चूंकि खोये-खोये रहते थे इसलिए इनका नाम सिड़े हैदरी खां' मशहूर हो गया था और वह गोलागंज में रहते थे। गाज़ीउद्दीन हैदर को उनका गाना सुनने का बड़ा शौक़ था मगर कभी इसका मौक़ा नहीं मिला था। एक रोज़ तीसरे पहर ग़ाजीउद्दीन हैदर हवादार पर सवार दरिया किनारे तफरीह करने निकले। रूमी दरवाजे के नीचे लोगों ने देखा कि सिड़े हैदरी खां चले जा रहे हैं। बादशाह से अर्ज की कि ''कबला-ए-आलम! हैदरी खां यही हैं।'' बादशाह तो उत्सुक थे ही, हुक्म दिया, ''बुलाओ।'' लोग पकड़ लाये और सामने खड़ा कर दिया। बादशाह ने कहा, ''अरे मियां हैदरी खां, कभी हमें अपना गाना नहीं सुनाते?'' बोले, ''जी हां, क्यों न सुनाऊंगा। मगर मुझे आपका मकान नहीं मालूम है।'' बादशाह यह सुन कर हंस पड़े और कहा, ''अच्छा हमारे साथ चलो, हम खुद तुम्हें अपने मकान पर ले चलेंगे।'' ''बहुत खूब!'' कहकर बेतकल्लुफ

साथ हो लिये। छत्तर मंजिल के क़रीब पहुंचे थे कि हैदरी खां हत्थे पर से उखड़ गये और बोले, ''मैं चलता तो हूं मगर पूरियां और बालाई खिलवाइयेगा तो गाऊंगा।'' बादशाह ने वायदा किया और महल में बैठकर गाना सुनने लगे। थोड़ी ही देर सुनकर बहुत आनंदित हुए। उनको हाल आने लगा और वे बेसुध हो गये। यह हालत देखकर हैदर खां खामोश हो गये। बादशाह ने फिर गाने को कहा तो बोले, ''हूजूर, यह तंबाकू जो आपके पेचवान में भरा हुआ है बहुत ही अच्छा मालूम होता है। आप किसकी दुकान से मंगवाते हैं?'' ग़ाज़ीउद्दीन हैदरी खुद भी सिड़ी मशहूर थे। इस सवाल पर नाराज हुए तो मुसाहिबों ने अर्ज की, 'किब्ल-ए-आलम, यह सिड़ी तो है ही। अभी तक यही नहीं समझा है कि किससे बातें कर रहा है।'

अब लोग बादशाह के कहने पर हैदरी खां को दूसरे कमरे में ले गये। पूरियां बालाई खिलवायीं। हुक्का पिलवाया। आपने पाव भर पूरियां, आधपाव बालाई और एक पैसे की शकर मंगवाकर अपनी बीबी को भिजवायीं (जो उनका हर जगह का नियम था)। जब तक ये उन कामों में रहे बादशाह ने शराब के जाम पिये और जब नशे का जोर हुआ तो फिर हैदरी खां की याद हुई। फौरन बुलवाकर गाने का हुक्म दिया। मगर जैसे ही उन्होंने अपना गाना शुरू किया, रोककर कहा, ''हैदरी खां सुनते हो? और अगर मुझे खाली खुश किया और रुलाया नहीं तो याद रखो कि गोमती में डुबवा दूंगा।'' अब तो हैदरी खां की अक्ल चक्कर में आयी समझे कि यह बादशाह है। कहा, ''हुजूर अल्लाह मालिक है।'' और जी तोड़कर गाने लगे। खुदा की कुदरत, या यह कहिये कि हैदरी खां की ज़िंदगी थी कि थोड़ी ही देर में बादशाह पर असर हुआ और वे रोने लगे और खुश होकर कहा, ''हैदरी खां, मांग क्या मांगता है?'' अर्ज़ किया, ''जो मांगूंगा दीजियेगा? बादशाह ने वायदा किया और हैदरी खां ने तीन बार हामी भरवाकर कहा, ''हुजूर यह मांगता हूं कि मुझे फिर कभी न बुलवाइयेगा, और न गाना सुनियेगा।'' बादशाह ने ताज्जुब से पूछा, ''क्यों?'' अर्ज किया, ''आपका क्या है? मुझे मरवा डालियेगा। फिर मुझ-सा हैदरी खां न पैदा होगा, और आप मर जायेंगे तो फौरन दूसरा बादशाह हो जायेगा।'' इस जवाब पर गाज़ीउद्दीन हैदर ने नाराज़ होकर मुंह फेर लिया। यह मौका पाते ही हैदरी खां अपनी जान लेकर भागे और अपने घर आये।

ऊपर दी गयी हैदरी खां की कहानी को विस्तार देने के लिए और उसे फिल्म या टी. वी. के लिए पटकथा लिखने के लिए उपयुक्त बनाने के लिए निम्नलिखित तथ्यों पर ध्यान दिया जाना चाहिए।

(क) कहानी में हैदरी खां के परिवेश की चर्चा और उनकी पृष्ठभूमि नहीं आई है। हैदरी खां की पत्नी का उल्लेख मात्र हुआ है। वे एक पात्र के रूप में चित्रित नहीं हुई है। इसलिए उन्हें कहानी में जोड़ कर पात्र बनाने की जरूरत है। हैदरी खां को अपनी कला में डूबा हुआ और जीवन जगत से विमुख कलाकार बताया

गया है लेकिन इसे स्थापित नहीं किया गया। कहानी को विस्तार देने के लिए यह किया जाना चाहिए।

(ख) हैदरी खां जैसा मस्तमौला गायक कहां जाता होगा, क्या करता होगा? उसकी दिनचर्या क्या रही होगी? उसका माहौल क्या रहा होगा, यह भी स्थापित होना आवश्यक है।

(ग) नवाब गाजीउद्दीन हैदर को हैदरी खां के बारे में कैसे पता लगा होगा कि वे एक श्रेष्ठ गायक हैं? कहानी में यह सूत्र भी स्थापित होना चाहिए।

(घ) कहानी दो-चार घण्टे में खत्म हो जाती है। उसकी कलावधि को बढ़ाने की जरूरत है। कहानी की पृष्ठभूमि स्थापित करने तथा आवश्यक पात्रों को जोड़ने के बाद कहानी लम्बी हो सकती है और उस पर 40-45 मिनट की फिल्म बन सकती है।

(ङ) नवाब गाजीउद्दीन हैदर के दरबारियों तथा अन्य पात्रों के चरित्र विकसित और स्थापित करने की आवश्यकता है।

(च) कहानी में एक क्रमिक विकास को रेखांकित किया जाना चाहिए।

(छ) कहानी में द्वंद्व के बिंदुओं को रेखांकित और विकसित करने की ज़रूरत है। इसके अन्तर्गत ऐसे पात्रों की कल्पना करना ज़रूरी है जो द्वंद्व उत्पन्न करते हों।

(ज) शोध द्वारा ऐसे पात्रों की जानकारी हो सकती है जिनका बादशाह से सीधा सम्बन्ध था। ऐसे पात्रों को कहानी में जोड़ा जा सकता है।

हैदरी खां गायक की पत्नी की कल्पना बहुत ही सहज और स्वाभाविक है जो कहानी में हैदरी खां को स्थापित करने का काम भी कर सकती हैं। इससे हैदरी खां के 'इन डायरेक्ट' चरित्र-चित्रण में भी सहयोग मिल सकता है। हैदरी खां की पत्नी का नाम उस समय महिलाओं के नामों के अनुसार **अज़ीमन** हो सकता है।

हैदरी खां जैसे गायक के कुछ मित्र और प्रंशसक होने आवश्यक हैं। उनके एक या दो मित्रों की कहानी में डाला जा सकता है। इन पात्रों के सहयोग से भी हैदरी खां का चरित्र-चित्रण किया जा सकता है। ये पात्र **अल्लारखा** और **रतनलाल** हो सकते हैं। हो सकता है ये दोनों पात्र हैदरी खां के गायन के साथ तबला, सारंगी या अन्य कोई वाद्य भी बजाते हों। वे केवल हैदरी खां के मित्र न होकर उनके सहायक भी हो सकते हैं।

बादशाह गाज़ीउद्दीन हैदर से जुड़े कुछ स्वाभाविक पात्र इस प्रसंग के अंतर्गत अपनी भूमिका निभा सकते हैं और कहानी में योगदान दे सकते हैं। सबसे पहले बादशाह के प्रधानमंत्री की कल्पना की जा सकती है। और उसको पात्र बनाया जा सकता है। प्रसंग में बादशाह के मुसाहिबों ऐसे लोग जो उनके साथ उठते-बैठते हैं और उनकी प्रशंसा आदि करते रहते हैं का ज़िक्र किया गया है। इसलिए तीन या चार मुसाहिब पात्र जोड़े जा सकते हैं।

बादशाह गाने के बहुत रसिया थे और निश्चित रूप में उनका कोई दरबारी गायक भी रहा होगा। इसलिए एक दरबारी गायक का चरित्र जोड़ा जा सकता है। यह कहानी में द्वंद्व उत्पन्न कर सकता है।

इतिहास बताता है कि गाज़ीउद्दीन हैदर कुछ अस्थिर स्वभाव के आदमी थे और बात-बेबात पर कभी क्रोधित हो जाते थे और कभी प्रसन्न जो जाते थे। इसलिए उनका चरित्र बनाते समय इस बात का ध्यान रखना ज़रूरी है।

प्रसंग की पहली घटना यह है कि गोमती के किनारे सैर करते हुए गाजीउद्दीन हैदर को हैदरी खां दिखाई पड़ते हैं। उनको बुलाया जाता है। क्योंकि गाज़ीउद्दीन हैदर को उनका गाना सुनने का शौक था। अब सवाल यह पैदा होता है कि गाज़ीउद्दीन हैदर को हैदरी खां का गाना सुनने की प्रेरणा कैसे मिली होगी? उन्हें हैदरी खां के श्रेष्ठ गायन के बारे में किसने बताया होगा? क्या यह संभव नहीं है कि गाजीउद्दीन हैदर के दरबारी गायक ने ही बादशाह को हैदरी खां के बारे में बताया हो? पर दरबारी कलाकार अपने प्रतिद्वंद्वी नहीं पसंद करते। इसलिए निश्चित रूप से दरबारी गायक ने अपने आप तो गाजीउद्दीन हैदर को यह न बताया होगा कि उनसे अच्छा गायक भी लखनऊ में रहता है। संभावना यह बनती है कि गाजीउद्दीन हैदर ने अपने दरबारी गायक से यह पूछा होगा कि क्या लखनऊ में तुमसे अच्छा भी कोई और गवैया है? इसके उत्तर में दरबारी गायक ने हैदरी खां का नाम लिया हो। बादशाह ने हैदरी खां को बुलाने और उनका गाना सुनने की इच्छा ज़ाहिर की होगी। इस पर दरबारी गायक ने यह कहा होगा कि हैदरी खां बहुत फक्कड़, मस्त, घुमंतु और लापरवाह आदमी हैं, वे बड़ी मुश्किल से मिलते हैं। कभी किसी मेले में, कभी मंदिर में, कभी दरगाहों और खानकाहों में गाते हैं। वे तो पानी की तरह हैं। जब मिलेंगे तो उन्हें हाज़िर किया जायेगा। यह प्रसंग मूल कहानी के साथ पूरी तरह जुड़ जायेगा और उसे आधार प्रदान करेगा।

प्रसंग एक बैठक में पूरा हो जाता है। इसे विस्तार दिया जा सकता है। कल्पना करें हैदरी खां दरबार में आकर गाना गाते हैं। बादशाह उसका दीवाना हो जाता है। बादशाह हैदरी खां को आदेश देता है कि अब वह कहीं और नहीं केवल दरबार में गायेगा। उसे हैदरी खां के अलावा कुछ और नहीं दिखाई देता। बादशाह में आये इस बदलाव को प्रधानमंत्री और दरबारी गायक पसंद नहीं करते और दोनों किसी न किसी यह चाहते हैं कि बादशाह के सिर से हैदरी खां का भूत उतार दिया जाये। प्रधानमंत्री और राज गायक मिल कर षड्यंत्र रचते हैं और बादशाह को समझाते हैं कि श्रेष्ठ गायक तो वह होता है जो सुनने वालों को रुला दे। बादशाह यह मान लेता है। अगली बार जब हैदरी खां गाने आते हैं तो बादशाह उससे यह कहता है कि अगर तुमने मुझे रुला न दिया तो तुम्हारी हत्या कर दी जायेगी।

आगे वही होता है जो मूल कहानी में है। बादशाह को निर्भीक उत्तर देने के बाद हैदरी

खां और उसके मित्र साजिन्दे बाहर आते हैं। जान बचने की खुशी में एक-दूसरे के गले मिलते हैं, रोते हैं। और उनकी वही दिनचर्या शुरू हो जाती है जो पहले थी। मतलब दरगाहों में, मंदिरों में, मेलों में, अनुष्ठानों में गाते हैं। इसके लिए मोनताज बनाया जा सकता है।

ऊपर लिए गये सूत्रों के अनुसार कहानी को विस्तार देकर उसकी रूपरेखा बनाई जा सकती है। यह प्रयास कुछ इस रूप में सामने आ सकता है।

सबसे पहले कहानी के नामकरण की समस्या सामने आती है। चूंकि यह कहानी संगीतकार के जीवन से संबंधित है इसलिए इसे ''सरगम'' कहा जा सकता है।

'सरगम' कहानी का विकास : अगला चरण

कहानी का विकास करने से पहले उन सम्भावित पात्रों की चर्चा कर लेना आवश्यक है जो ऐतिहासिक शोध के बाद जानकारी में आए हैं। अवध के बादशाह गाजीउद्दीन हैदर के प्रधानमंत्री का नाम आग़ा मीर था। आग़ा मीर बहुत चतुर, चालाक, खुशामदी, कपटी और भ्रष्ट व्यक्ति थे। उन्होंने अपने छल से बादशाह को अपनी मुट्ठी में कर लिया था। वे चाहते थे कि उनके अतिरिक्त और कोई आदमी बादशाह के निकट न आ सके। वे बादशाह पर कड़ी नज़र रखते थे और बादशाह को हमेशा नशे, नाच-गाने तथा अन्य प्रकार के मनोरंजनों में लगाए रखते थे ताकि वे राजकाज की ओर ध्यान न दे सकें। **आग़ा मीर** को कहानी का एक प्रमुख पात्र बनाया जा सकता है।

ऐतिहासिक पात्र आग़ा मीर के अलावा हैदरी खां की पत्नी **अज़ीमन** का चरित्र महत्त्वपूर्ण है। यह एक सीधी-सांधी घरेलू औरत है। जाहिर है कि हैदरी खां गायक और वह भी सिड़ी गायक होने के कारण घर और पत्नी का ध्यान नहीं रखता है। इसलिए उनकी पत्नी **अज़ीमन** पर ही घर चलाने की पूरी ज़िम्मेदारी है। इसके लिए हो सकता है वह सिलाई-कढ़ाई आदि का कोई काम कर सकती है। कठिन परिस्थितियों में जीवन बिताने के बाद भी उसके मन में हैदरी खां के लिए कोई कटुता नहीं है बल्कि वह उनका सम्मान करती है और उसे इस बात का गर्व है कि वह इतने बड़े गायक की पत्नी है।

दरबारी गायक **वली खां** लखनऊ के एक अच्छे गायक हैं। उन्हें बादशाह ने अपना दरबारी गायक बनाया है। जब बादशाह का दिल चाहता है वे वली खां का गाना सुनते हैं। वली खां बादशाह के मिज़ाज को अच्छी तरह जानते हैं। वे यह भी जानते हैं कि बादशाह को क्या पसन्द है और क्या नहीं है। उनके आग़ा मीर से अच्छे संबंध हैं। वे आग़ा मीर की बात मानते हैं। वली खां समझदार और दुनियादार किस्म के आदमी हैं। हैदरी खां के दरबार

में आने और बादशाह द्वारा उनका गाना पसन्द किए जाने से वली खां डर जाते हैं। वली खां और आग़ा मीर मिलकर हैदरी खां के खिलाफ़ साज़िश रचते हैं।

हैदरी खां के दो साथी और साजिन्दे **अल्लारखा** और **रतनलाल** चूंकि हैदरी खां के पक्के मित्र और हमकर्मी हैं इसलिए उनका स्वभाव भी हैदरी खां जैसा ही होगा।

बादशाह के तीन-चार दरबारी पात्रों (मुसाहिब) की कल्पना की जाती है। प्राय: ये पात्र खुशामद और चापलूसी करनेवाले पात्र होते हैं। लेकिन इन चारों को अलग-अलग व्यक्तित्व देने के लिए उनको अलग-अलग स्वभाव और रुचियां दी जा सकती है। एक मुसाहिब **मिर्ज़ा तरहदार** को मुर्ग़ लड़वाने की कला के विशेषज्ञ के रूप में चित्रित किया जा सकता है। दूसरे मुसाहिब **सरफराज हुसैन** हकीकत में बहुत डरपोक आदमी हैं लेकिन अपने को बहुत बड़ा शिकारी सिद्ध करते रहते हैं। तीसरे मुसाहिब **मीरजान** पतंगबाज हैं।

इन पात्रों के अलावा कुछ अन्य साधारण पात्र भी कहानी में आएंगे।

रात के वक्त बादशाह गाज़ीउद्दीन हैदर का महल छतर मंजिल रौशनियों में जगमगा रहा है। सिपाही पहरेदार अपने-आप काम पर मुस्तैद हैं। एक पालकी फाटक की तरफ आती दिखाई पड़ती है। कहार पालकी उठाए गेट के पास आते हैं। दरबान निकलकर पूछता है कौन आ रहा है, कहार बताते हैं कि हुजूर वली खां बहादुर हैं। पालकी का पर्दा खिसका कर वली खां पहरेदारों को देखते हैं। छतर मंज़िल का गेट खोल दिया जाता है। पालकी अंदर चली जाती है।

बरामदे में दो चोबदार खड़े हैं। पालकी रुकती है। वली खां उतरते हैं। चोबदार झुककर सलाम करते हैं। वली खां आगे बढ़ते हैं। लम्बी-चौड़ी गैलरी शाही अंदाज़ से सजी हुई है। दोनों तरफ कीमती शीशों में रौशनी हो रही है। बेशकीमती कालीन बिछे हैं। दोनों तरफ दीवारों में सजावट है।

वली खां हाल के दरवाजे पर पहुंचकर जूते उतार देते हैं। सामने मसनद पर बादशाह बैठे हैं। उनके हाथ में गिलास है। पीछे दो नौकर पंखा झेल रहे हैं। पास आग़ा मीर हाथ जोड़े खड़े हैं। मुसाहिब दाहिनी तरफ फर्श पर बैठे हैं। वली खां हाल के दरवाजे पर आकर खड़े हो जाते हैं और झुककर तीन बार सलाम करते हैं। बादशाह उन्हें बुलाते हैं और गाने की फरमाइश करते हैं। साजिन्दे आ जाते हैं। गाना शुरू होता है। गाने के बाद बादशाह तारीफ करते हैं। मुसाहिब और ज़्यादा तारीफ करते हैं। बादशाह वली खां से पूछते हैं कि क्या लखनऊ में उनसे अच्छा भी कोई गाता है। कुछ झिझक के बाद वली खां हैदरी खां का नाम लेते हैं। बादशाह कहते हैं उन्हें अभी हाज़िर किया जाए। बादशाह को आग़ा मीर बताते हैं कि हैदरी खां मस्तमौला किस्म का आदमी हैं। घर पर रहता ही नहीं। कल सुबह उसकी तलाश की जाएगी तो मिलेगा। बादशाह को गुस्सा आ जाता है। वे कहते हैं हुक्म की तामील की

जाए। हैदरी खां को अभी लाया जाए।

लखनऊ की पतली गलियों में मशालें लिए शाही सिपाही एक गली से निकलते हैं। दूसरी गली में दाखिल होते हैं। एक गली के एक मकान के सामने रूक जाते हैं। मोहल्ले में रात का सन्नाटा है। एक सिपाही मकान के दरवाजे की कुंडी खटखटाता है। कुछ देर के बाद अज़ीमन दरवाज़ा खोलती है उसके हाथ में चिराग़ है। सिपाही कहते हैं कि हैदरी खां को शाही दरबार में तलब किया गया है। अज़ीमन बताती है कि वे घर पर नहीं है। कब आएंगे? कहां गए हैं, यह उसे नहीं मालूम।

दिन का समय है।

हैदरी खां किसी मंदिर में बैठे गा रहे हैं। उनके साथ अल्लारखा और रतनलाल भी हैं। एक आदमी आकर उन्हें बताता है कि कल रात उनके घर शाही सिपाही आए थे। उनको दरबार में तलब किया गया है। हैदरी खां डर जाते हैं और प्लान बनाते हैं कि वे अब लखनऊ न जाकर किसी और तरफ निकल जाएंगे।

दिन में शाही सिपाही फिर हैदरी खां के घर पहुंचते हैं और अज़ीमन को धमकाते हैं कि अगर हैदरी खां दरबार में न हाज़िर हुए तो उनको गिरफ्तार करके जेल में डाल दिया जाएगा। हैदरी खां जहां भी हों उन्हें यह सन्देश भिजवा दो।

सिपाही के जाने के बाद पड़ोस की औरतें आ जाती हैं। अज़ीमन बहुत डर गई है। सब उसे दिलासा देते हैं। कुछ औरतें कहती हैं कि वे अपने लड़कों या आदमियों को हैदरी खां की तलाश में भेजेंगी। अनुमान लगाया जाता है कि हैदरी खां कहां हो सकते हैं।

बादशाह हवादार में बैठे गोमती के किनारे सैर कर रहे हैं। उनके साथ आग़ा मीर और दूसरे मुसाहिब भी हैं। एक मुसाहिब दूर जाते तीन लोगों को देखकर रहता है कि हुजूरे-आलम उन लोगों में एक हैदरी खां हैं। बादशाह हुक्म देते हैं उन्हें हाज़िर किया जाए। सिपाही जाते हैं और हैदरी खां और उनके साथियों को ले आते हैं।

बादशाह हैदरी खां से कहते हैं कि तुमने अपना गाना हमें कभी नहीं सुनाया। हैदरी खां जवाब देते हैं कि जनाब का मकान मुझे नहीं मालूम। बादशाह हैदरी खां साथ ले चलने का हुक्म देते हैं। बादशाह की सवारी चली जाती है और सिपाही हैदरी खां को लेकर आगे बढ़ते हैं।

छतर मंजिल के पास पहुंचकर हैदरी खां कहते हैं कि नहीं जाएंगे। वजह पूछने पर बताते हैं कि उन्हें पूरियां और मलाई खिलाई जाएगी तो गाएंगे। दरोगा वायदा कर लेते हैं। हैदरी खां कहते हैं उनकी बीवी को पूड़ी और बलाई भेजनी पड़ेगी। इस पर भी दरोगा तैयार हो जाता है।

छतर मंजिल में दाखिल होते हुए हैदरी खां तरह-तरह की चीज़ों को देखते, छूते और

उल्टे सीधे सवाल पूछते हैं। दरोग़ा उनके सवालों के जवाब देता है और उन्हें दरबार हाल में ले आता है।

दरबार हाल में बादशाह, आग़ा मीर और दूसरे लोग बैठे हैं। वली खां भी मौजूद हैं जो हैदरी खां को सलाम करते हैं। दोनों एक-दूसरे को जानते हैं।

गाना शुरू होता है। बादशाह को बहुत पसन्द आता है। गाना खत्म होता है। बादशाह हुक्का पी रहे हैं। हैदरी खां पूछते हैं कि सरकार ये तम्बाकू कहां से मंगाते हैं, बड़ी अच्छी है।

यह सुनकर बादशाह को गुस्सा आ जाता है। लेकिन उन्हें वज़ीर आग़ा मीर समझाते हैं कि सरकार ये सिड़ी किस्म का आदमी है। इसकी बात का क्या बुरा मानना।

हैदरी खां को दूसरे कमरे में ले जाकर पूड़ियां और बालाई खिलाई जाती हैं। वे पूड़ियां और बालाई अपनी पत्नी के लिए भिजवाते हैं। हैदरी खां और उल्टे-सीधे सवाल पूछते हैं। आग़ा मीर बताते हैं कि बादशाह का हुक्म है कि तुम रोज़ दरबार में गाना गाया करोगे। तुम्हारे घर पर पहरा बिठाया जा रहा है कि तुम इधर-उधर भाग न सको। हैदरी खां को पता चलता है कि वे बादशाह के दरबार में आ गए हैं। इसी वक़्त कुछ नौकर कीमती सामान लेकर आते हैं। हैदरी खां के कपड़े हैं और कुछ और कीमती सामान है। हैदरी खां को कपड़े पसन्द आते हैं और वह उन्हें अपने कपड़ों के ऊपर चढ़ा लेते हैं। रतनलाल और अल्लारखा को सामान वग़ैरा दिया जाता है।

हैदरी खां के घर ले जाने के लिए पालकी खड़ी है। वे बड़ी हैरत से यह सब देखते हैं। पालकी के पीछे नौकर मिठाई और दूसरे उपहार के लिए खड़े हैं। हैदरी खां खुश-खुश पालकी में बैठ जाते हैं। पालकी के पीछे कुछ सिपाही भी हैं।

हैदरी खां को पालकी लखनऊ की गलियों से गुजरती उनके मोहल्ले पहुंचती है और उनके घर के सामने रुक जाती है। मोहल्ले वाले सोचते हैं कि इस कीमती पालकी में इतने इंतजाम के साथ कौन आया है। हैदरी खां पालकी से उतरते हैं। मोहल्ले वालों से मिलते हैं। वे बहुत खुश हैं। मोहल्ले वाले उन्हें बधाई देते हैं। सिपाही हैदरी खां के दरवाज़े के सामने खड़े हो जाते हैं। हैदरी खां पूछते हैं कि सिपाही जाते क्यों नहीं तो उन्हें बताया जाता है कि बादशाह ने उनके ऊपर पहरा बिठा दिया है।

हैदरी खां के घर के अंदर अज़ीमन उनकी पत्नी, अल्लारखा, रामबख़्श बैठे हैं। कीमती सामान फैला पड़ा है। लेकिन हैदरी खां इस पर चिन्ता कर रहे हैं कि अगले सप्ताह नौचन्दी के मेले में वे कैसे जाएंगे? उसके बाद जन्माष्टमी के अवसर पर भी उन्हें जाना पड़ता है, कैसे जाएंगे।

सुबह का वक़्त है। हैदरी खां सो रहे हैं। अचानक दरवाज़े पर ज़ोर से ज़ंजीर बजाए

जाने की आवाज़ आती है। अज़ीमन उठकर दरवाजे पर जाती है। दरवाज़ा खोलती है। वहां दरोगा खड़ा है। वह कहता है कि बादशाह सलामत ने हैदरी खां को याद किया है। अज़ीमन हैदरी खां को जगाती हैं, वे घबरा जाते हैं।

अज़ीमन उन्हें पानी देती है। वे जल्दी-जल्दी मुंह पर पानी के चुल्लू डालते हैं। जाने के लिए तैयार होते हैं।

बाहर निकलते हैं वहां। दरोग़ा उन्हें देखता है और कहता है कि अब आपको उन्हीं कपड़ों में दरबार जाना होगा जो कल बादशाह की तरफ से उन्हें दिए गए हैं। हैदरी खां अंदर आते हैं और कपड़े बदलने लगते हैं।

आग़ा मीर और वली खां छतर मंजिल के बरामदे में खड़े हैं। वे दोनों हैदरी खां की राह देख रहे हैं। वे आपस में बातें कर रहे हैं कि आजकल बादशाह को हैदरी खां के बग़ैर चैन ही नहीं मिलता। रात-दिन बादशाह की जुबान पर बस हैदरी खां का नाम रहता है। आग़ा मीर इसे खतरनाक बात समझ रहे हैं। वली खां को अपनी नौकरी चले जाने का खतरा है। दोनों चाहते हैं कि बादशाह के सिर से हैदरी खां का भूत उतर जाए लेकिन कोई तरकीब समझ में नहीं आ रही। हैदरी खां की पालकी आती है। वे आग़ा मीर को सलाम करते हैं। सब अंदर चले जाते हैं।

बादशाह आग़ा मीर का गाना सुन रहे हैं। गाना खत्म होता है। बादशाह कहते हैं कि वे चाहते हैं हर वक़्त हैदरी खां की आवाज़ उनके कानों में पड़ती रहे। आग़ा मीर उनकी ताईद करते हैं। बादशाह कहते हैं कि हैदरी खां के रहने का इंतजाम छतर मंजिल के पास ही करा दिया जाए ताकि उनको गोलागंज से यहां तक पहुंचने में वक़्त न लगे। ये सुनकर हैदरी खां घबरा जाते हैं। आग़ा मीर कहते हैं कि हुक्म की तामील की जाएगी। हैदरी खां और परेशान हो जाते हैं।

रात के वक़्त हैदरी खां अल्लारखा और रतनलाल के साथ घर में बैठे हैं। अज़ीमन खाना पका रही है। हैदरी खां कहते हैं कि कल जन्मअष्टमी है और उन्हें सती शीतला के मंदिर में गाना है। पिछले तीस साल से हर हाल वे वहां गाते हैं। इस साल भी जाना पड़ेगा। लेकिन समस्या यह है कि निकल ही नहीं सकते क्योंकि घर के सामने पहरा बैठा है। तीनों चुपचाप रात में निकल भागन का प्रोग्राम बनाते हैं। अज़ीमन को इस योजना का पता नहीं चल पाता।

रात के अंधेरे में हैदरी, अल्लारखा और रतनलाल घर की पिछली दीवार कूद जाते हैं और निकल भागते हैं।

सुबह बादशाह को पता चलता है कि हैदरी खां गायब हो गए हैं। वे गुस्से में पागल हो जाते है। आग़ा मीर उन्हें समझाने की बहुत कोशिश करते हैं लेकिन बादशाह कुछ नहीं सुनते। चारों तरफ सिपाही दौड़ाए जाते हैं। बड़े स्तर पर हैदरी खां की तलाश शुरू हो

जाती है।

हैदरी खां मंदिर पहुंच जाते हैं और वह गाने का कार्यक्रम शुरू हो जाता है। मंदिर में भी यह खबर फैल चुकी थी कि हैदरी खां को बादशाह ने नजरबन्द करा दिया है और सबको यही डर था कि हैदरी खां शायद इस साल न आ सकेंगे। हैदरी खां के पहुंच जाने से सब खुश हो जाते हैं।

शाही सिपाही मंदिर पहुंच जाते हैं। हैदरी खां को गिरफ्तार कर लिया जाता है।

बादशाह बहुत गुस्से में हैं। आग़ा मीर और वली खां बादशाह को समझाते हैं कि हुज़ूर हैदरी खां कोई बहुत बड़ा गायक नहीं है। बड़े गायक की यह पहचान होती है कि उसका गाना सुनकर आदमी रोने लगे। हैदरी खां कभी ये नहीं कर सकते। बादशाह के दिमाग़ में यह बात बैठ जाती है कि बड़े गायक की यह पहचान है कि उसके गाने से आदमी रोने लगे।

हैदरी खां बादशाह के सामने हाज़िर किए जाते हैं। बादशाह उनके ऊपर बहुत नाराज़ होते हैं उन्हें धोखेबाज़ कहते हैं। बादशाह कहते हैं कि अगर तुमने अपने गाने से मुझे रुला न दिया तो मैं तुमको गोमती में डुबोकर मार डालने का हुक्म दे दूंगा।

हैदरी खां गाना शुरू करते है। कुछ देर के बाद बादशाह की आंखों में आंसू आ जाते हैं फिर वे रोने लगते हैं। वली खां हैरान होकर ये सब देखते हैं। आग़ा मीर की चिन्ता बढ़ जाती है। बादशाह की आंखों से लगातार आंसू बहने लगते हैं। हैदरी खां गाना बन्द करते हैं। बादशाह उनसे बहुत खुश है। आग़ा मीर से कहते हैं कि हैदरी खां ने सबसे बड़ा गायक होने का सुबूत दे दिया है। आग़ा मीर हां में हां मिलाते हैं। वली खां भी चापलूसी करते हैं।

बादशाह हैदरी से पूछते हैं बोलों तुम्हें क्या इनाम चाहिए। हैदरी खां ने बादशाह से तीन बार कहलवा लिया कि जो मांगूंगा दीजिएगा। हैदरी खां ने बादशाह से मांगा कि उन्हें दुबारा दरबार में गाने के लिए न बुलाया जाए। कारण पूछने पर उन्होंने कहा कि आप बादशाह है। कभी आपका मिजाज बेरहम हुआ तो आप मेरी जान ले लेंगे...मैं मर गया तो मेरे जैसा हैदरी खां न पैदा होगा। लेकिन आप मर जाएंगे तो अगले दिन कोई दूसरा बादशाह हो जाएगा। इस जवाब पर बादशाह अपना मुंह-फेर लेते हैं और हैदरी खां अपने साथियों के साथ दरबार हाल से बाहर निकल जाते हैं।

हैदरी खां बाहर निकलकर चैन की सांस लेते हैं। सबसे पहले अपने कपड़े और कीमती हार वग़ैरा उतार देते हैं। अब उनका पुराना दस्तूर शुरू हो गया है। मेले ठेलों में, दरगाहों, मंदिरों में गाने का सिलसिला जारी हो गया है।

स्क्रीन प्ले लेखन

कहानी के सभी पक्षों का पूरा करने के बाद स्क्रीन प्ले लिखा जाता है। स्क्रीन प्ले से अभिप्राय है कि कहानी फिल्म या टी.वी. के पर्दे पर किस बिन्दु से शुरू होगी? कैसी आगे बढ़ेगी? किस तरह अन्त तक पहुंचेगी। ज़रूरी नहीं है कि स्क्रीन प्ले कहानी की पूरी प्रतिछाया हो। लेखक कहानी के किसी ऐसे बिंदु से भी स्क्रीन प्ले शुरू कर सकता है जो कहानी का प्रारम्भिक बिंदु न हो। लेखक फिल्म की गति, रोचकता और नाटकीयता तथा चरित्र विकास को ध्यान में रखते हुए स्क्रीन प्ले लिखता है। स्क्रीन प्ले लेखक कहानी को दृश्यात्मक रूप में (Visualy) देखता है और कहानी के जो प्रसंग किसी खास तरह के 'विजुवल' की मांग करते हैं उन्हें पूरा करता है। वातावरण बनाने, घटनाओं तथा पात्रों को स्थापित करने के लिए स्क्रीन प्ले लेखक नए 'विजुवल्स' की कल्पना करता है।

स्क्रीन प्ले कहानी को उस रूप में प्रस्तुत करता है जिस रूप में वह पर्दे पर दिखाई देगी।

ज़रूरी नहीं कि कहानी के क्रम के आधार पर ही स्क्रीन प्ले लिखा जाए।

किसी भी कहानी की कोई भी घटना किसी स्थान विशेष (लोकेशन) और समय विशेष (टाइम) में घटती है। उदाहरण के लिए यदि कहानी में दो लोग लड़ रहे हैं तो वे किसी जगह (स्थान) किसी समय (टाइम) लड़ रहे होंगे। यदि प्रेमी प्यार कर रहे हैं तो वे किसी स्थान पर किसी समय प्रेम कर रहे होंगे। कहने का मतलब यह है कि हर घटना, चाहे वह कितनी ही छोटी-बड़ी क्यों न हो, एक निश्चित स्थान में एक निश्चित समय पर घटती है।

कहानी की प्रत्येक घटना एक निश्चित स्थान पर निश्चित समय में घटती है।

एक स्थान और एक समय पर घटनेवाली घटना से दृश्य बनता है।

स्क्रीन प्ले लिखने के लिए लेखक कहानी की छोटी-बड़ी घटनाओं का स्थान (Location) और समय (Time) के अनुसार सूची बना लेता है। कहानी के प्रारम्भ से लेकर अन्त तक की सभी घटनाएं स्थान और समय के अनुसार अलग कर ली जाती है। यह स्क्रीन प्ले बनाने का सर्वमान्य सिद्धान्त है। स्पष्ट रूप से कहना चाहें तो कह सकते हैं **एक स्थान एक समय में घटनेवाली घटना से एक दृश्य (सीन) बनता है।** स्थान बदल जाता है तो दृश्य बदल जाता है या समय बदल जाता है तो दृश्य बदल जाता है। उदाहरण के लिए गली में राम से श्याम की लड़ाई हो रही है। दोनों हाथा-पाई कर रहे हैं। श्याम के सिर में चोट लगती है वह बेहोश हो जाता है। यह घटना एक सीन है जिसमें स्थान गली है और समय दिन है। कहानी आगे इस तरह बढ़ती है कि श्याम को अस्पताल में डॉक्टर देख रहे हैं और बताते हैं कि उसका ऑपरेशन होगा यह दूसरी घटना गली की नहीं बल्कि अस्पताल की है। स्थान बदल गया है, इसलिए सीन बदल जाएगा। यह दूसरा दृश्य कहा जाएगा। समय दिन का ही है लेकिन घटना अस्पताल की है। स्थान बदल जाने से सीन बदल गया है।

छोटी-बड़ी घटनाओं को स्थान और समय के आधार पर सूचीबद्ध किया जाता है।

इस कहानी में एक प्रसंग यह आता है श्याम की मां रात के समय गली में अपने बेटे की घड़ी तलाश करने आती है। ध्यान दें स्थान (गली) वही है जो पहले दृश्य में आ चुकी है लेकिन समय बदल गया है इसलिए यह अलग सीन माना जाएगा। मान लीजिए पहले सीन में जहां राम और श्याम की लड़ाई हो रही थी वहां श्याम की मां आती तो सीन न बदलता क्योंकि समय और स्थान वहीं रहता जो था।

कहानी में किसी घटना का स्थान या समय बदल जाने से दृश्य बदल जाता है।

इस कारण एक स्थान और एक समय पर घटनेवाली घटनाओं से एक सीन बनता है, चित्र देखें–

सीन–1

टाइम (दिन) घटना स्थान (गली)

सीन–2

टाइम (दिन) घटना स्थान (गली)

सीन–3

टाइम (दिन) घटना स्थान (गली)

कहानी छोटी–बड़ी घटनाओं का एक बड़ा संकलन होता है। समय और स्थान के आधार पर सीन बनते हैं। एक फीचर फिल्म की कहानी में प्राय: 100–125 सीन होते हैं।

स्क्रीन प्ले लेखक दृश्यों को आपस में जोड़ने के लिए कुछ ऐसे दृश्यों की भी कल्पना करता है जो (सब–सीन) कहे जाते हैं। इन उप–दृश्यों में दो–चार शॉट्स ही होते हैं लेकिन इससे दृश्य को स्थापित किए जाने में मदद मिलती है।

कहानी का दृश्यों में विभाजन करते समय स्क्रीन प्ले लेखक प्रत्येक दृश्य में समय और स्थान को भी दर्ज करता है। सिनेमा और फिल्म में समय प्राय: रात या दिन ही लिखा जाता है। यदि कहानी के अनुसार सही वक़्त बताना (और फिर चित्रित करना) बहुत आवश्यक होता है तो उसका उल्लेख किया जा सकता है। जैसे सुबह या शाम। इसके अतिरिक्त यदि निश्चित समय अर्थात् इतने बजकर इतने मिनट का बताया जाना बहुत ज़रूरी हो तो प्राय: समय को घड़ी में दिखाया जाता है।

पटकथा में स्थान के साथ यह उल्लेख करना आवश्यक माना जाता है कि स्थान अंदर है अर्थात् किसी छत के नीचे है या बाहर खुले में है। इसके लिए (Interior) और (Exterior) या (Indoor) अथवा (Outdoor) का उल्लेख किया जाता है। जैसे गली का दृश्य (Outdoor) या (Exterior) कहा जाएगा और अस्पताल के अंदर का दृश्य (Interior) या (Indoor) कहा जाएगा। इसके लिए हिन्दी में अंदर/बाहर शब्दों का प्रयोग किया जा सकता है। लोकेशन या स्थान के स्थान अंदर या बाहर का उल्लेख तकनीकी टीम को शूटिंग की व्यवस्था करने में मदद देता है। सीन में लोकेशन का उल्लेख :

सीन–1

टाइम (दिन) घटना लोकेशन (बाहर–गली)

सीन–2

टाइम (दिन) घटना लोकेशन (अंदर–अस्पताल)

कहानी के आधार पर स्क्रीन प्ले

पिछले अध्याय में 'सरगम' कहानी का विकास किया गया है। विकसित कहानी 'सरगम' का स्क्रीन प्ले तैयार करने के लिए कहानी की घटनाओं के स्थान और समय के आधार पर सीन बनाए जा रहे हैं–

सीन–1

लोकेशन–आउट डोर (छतर मंजिल) टाइम–रात

छतर मंजिल रात में जगमगा रही है। दूर से एक पालकी आती दिखाई देती है। पालकी धीरे–धीरे छतर मंजिल के गेट पर आती है। पहरेदार जानकारी लेते हैं कि पालकी में कौन है। पता चलता है दरबारी गायक वली खां है। पालकी आगे बढ़ जाती है।

सीन–2

लोकेशन–इनडोर (छतर मंजिल का बरामदा) टाइम–रात

चोबदार वली खां का स्वागत करता है। वे चोबदार से पूछते हैं कि बादशाह सलामत के मिज़ाज कैसे हैं। वली खां यह भी पूछते हैं कि बादशाह के पास कौन–कौन हैं? चोबदार बताता है कि वज़ीरे आज़म आग़ा मीर के अलावा मिर्ज़ा तरहदार, सरफराज़ हुसैन और मीर जान साहब हैं। वली खां आगे बढ़ते हैं।

सीन–3

लोकेशन–इनडोर (छतर मंजिल का कॉरीडोर) टाइम–रात

कॉरीडोर में दोनों तरफ शाही सजावट है। वली खां दरबार हाल के दरवाज़े पर पहुंचकर जूते उतारते हैं।

सीन-4

लोकेशन-इनडोर (छतर मंजिल दरबार हाल)　　　　टाइम-रात

गाजीउद्दीन हैदर के सामने वली खां गाना सुना रहे हैं। गाने के बाद बादशाह वली खां पूछते हैं कि तुम से भी अच्छा कोई दूसरा गाने वाला अवध में है। थोड़ी हिचकिचाहट के बाद वली खां हैदरी खां सिड़े का नाम बताते हैं। गाजीउद्दीन हैदर हुक्म देते है कि उसे दरबार में हाज़िर किया जाये। इस वक्त बादशाह के प्रधानमंत्री वजी़र आग़ा मीर भी मौजूद हैं।

सीन-5

लोकेशन-आउट डोर (लखनऊ की गलियां)　　　　टाइम-रात

शाही सिपाही हैदरी खां के घर पहुंचते हैं। वहां हैदरी खां की पत्नी अज़ीमन बताती है कि हैदरी खां घर पर नहीं है। सिपाही कहते हैं उन्हें दरबार में हाजिर होने का हुक्म है।

सीन-6

लोकेशन-आउट डोर (मंदिर)　　　　टाइम-रात

हैदरी खां मंदिर के बाहर बैठे गा रहे हैं। रतनलाल और अल्लारखा उनके साथ हैं। गाने के बाद कोई सूचना देता है कि शाही दरबार में उनकी तलबी है। हैदर खां लखनऊ जाने का विचार छोड़ देते हैं।

सीन-7

लोकेशन-आउट डोर (वली के घर की गली)　　　　टाइम-दिन

शाही सिपाही फिर हैदरी खां के घर आते हैं। पता लगता है वे नहीं हैं। मोहल्ले वाले निकल आते हैं। बताते हैं कि उनके आने-जाने का कोई ठीक नहीं है। सिपाही फिर बताते हैं कि उनको दरबार में तलब किया गया है।

सीन-8

लोकेशन-आउट डोर (गोमती का किनारा)　　　　टाइम-शाम

बादशाह गाजीउद्दीन हैदर हवादार पर बैठे गोमती के किनारे सैर कर रहे हैं। दूर हैदरी खां दो लोगों के साथ जाते दिखाई देते हैं। बादशाह उन्हें लाने का हुक्म देते हैं।

सीन-9

लोकेशन-आउट डोर (गोमती का किनारा) टाइम-दिन

शाही सिपाही हैदरी खां के पास जाते हैं। उनसे चलने का आग्रह करते हैं। हैदरी खां सिपाहियों के साथ आ जाते हैं।

सीन-10

लोकेशन-आउट डोर (गोमती का किनारा) टाइम-दिन

बादशाह हैदरी खां से गाना सुनने की फरमाइश करते हैं। हैदरी खां तैयार हो जाते हैं।

सीन-11

लोकेशन-आउट डोर (छतर मंजिल के पास) टाइम-दिन

हैदरी खां कहते हैं कि वे इसी शर्त पर गाना सुनाएंगे कि उन्हें बालाई और पूड़ियां खिलाई जाएं। शाही अहलकार उनकी बात मान लेते हैं और उन्हें लेकर आगे बढ़ते हैं।

सीन-12

लोकेशन-आउट डोर (छतर मंजिल) टाइम-शाम

हैदरी खां छतर मंजिल से गैलरी से गुजर रहे हैं। इधर-उधर देखकर उल्टे सीधे सवाल पूछ रहे हैं।

सीन-13

स्थान-इनडोर (छतर मंजिल) टाइम-रात

दरबार में हैदरी खां गाते हैं। बादशाह उनका गाना सुनकर पागल हो जाते हैं अपने कीमती हार और अंगूठियां उठा-उठा कर उनकी तरफ फेंकने लगते हैं। यह बात आग़ा मीर को बहुत बुरी लगती है। लेकिन कुछ कह नहीं पाते। बादशाह गाने के बाद हैदरी खां को गले लगाते हैं। उनकी तारीफ में जमीन-आसमान एक कर देते हैं। ये बात राज गायक वली खां को नहीं पसंद आती।

हैदरी खां बादशाह से पूछते हैं, आप जो हुक्का पी रहे हैं उसका तम्बाकू कहां से मंगाते हैं। बादशाह नाराज़ हो जाते हैं। आग़ा मीर उन्हें समझाते हैं। हैदरी खां को लोग दूसरे कमरे में ले जाते हैं। आग़ा मीर बादशाह के सामने शराब का गिलास पेश कर देते हैं। बादशाह शराब पीने लगते हैं। बादशाह हैदरी खां के गाने की तारीफ करते हैं। रोज़ उनका गाना सुनना चाहते हैं।

सीन-14

लोकेशन-इनडोर (छतर मंजिल का कमरा)　　　　　　टाइम-रात

हैदरी खां और उनके साथियों को बलाई और पूड़ियां खिलाई जाती हैं। हैदरी खां अपनी पत्नी को भी खाना भिजवाते हैं। हैदरी खां हुक्का भी पीते हैं।

सीन-15

लोकेशन-इनडोर (छतर मंजिल का बरामदा)　　　　　　टाइम-रात

हैदरी खां को ले जाने के लिए पालकी खड़ी है। नौकर चाकर सामान वग़ैरा लिए खड़े हैं। हैदरी खां को आश्चर्य होता। पालकी में बैठ जाते हैं।

सीन-16

लोकेशन-आउट डोर (लखनऊ की गलियां)　　　　　　टाइम-रात

हैदरी खां के घर के समाने पालकी रुकती है। हैदरी खां नये और महंगे कपड़ों में बाहर आते हैं। दरवाज पर अज़ीमन आती है जो उन्हें पहचान नहीं पाती। पालकी के साथ कुछ नौकर चाकर बड़े-बड़े ख़ानों में उपहार वग़ैरा लाये हैं सब सामान अंदर पहुंचाया जाता है। सिपाही घर के बाहर पहरे पर बैठ जाते हैं।

सीन-17

लोकेशन-इनडोर (हैदरी खां का घर)　　　　　　टाइम-रात

कीमती सामान घर में बिखरा पड़ा है। हैदरी खां को चिन्ता हो रही है कि अगली नौचन्दी के मेले में कैसे जाएंगे? जन्माष्टमी के मेले में कैसे गाएंगे?

सीन-18

लोकेशन-आउट डोर (हैदरी खां के घर की गली)　　　　　　टाइम-दिन

शाही घुड़सवार आता है। पहरे वाले सिपाही चौकन्ना हो जाते हैं। घुड़सवार दरवाजे की टुकड़ी जोर-जोर से खटखटाता है। हैदरी खां के नाम की आवाज़ें लगाता है। अंदर से निकलकर अज़ीमन आती है। घुड़सवार बताता है कि बादशाह ने हैदरी खां को तलब किया है। अज़ीमन कहती हैं, वे सो रहे हैं। घुड़सवार कहता है उन्हें फौरन जगा दो। मेरे साथ उन्हें अभी जाना होगा।

सीन-19

लोकेशन-इनडोर (हैदरी खां का घर) टाइम-दिन

हैदरी जल्दी-जल्दी तैयार होते हैं। अपनी किस्मत को रोते हैं कि यह अच्छी मुसीबत गले लगी। मना भी नहीं कर सकते। मजबूर हैं।

सीन-20

लोकेशन-आउट डोर (हैदरी खां के घर की गली) टाइम-दिन

हैदरी खां बाहर आते हैं शाही दरोगा कहता है अब उन्हें वही कपड़े पहनकर चलना होगा जो दिए गए हैं। हैदरी खां फिर अंदर चले जाते हैं।

सीन-21

लोकेशन-इनडोर (छतर मंजिल) टाइम-दिन

आग़ा मीर और वली खां इस बात पर परेशान हैं कि बादशाह हैदरी खां को बेहद पसन्द करने लगे हैं। दोनों सोचते हैं हैदरी खां का पत्ता कैसे साफ किया जाए पर रास्ता समझ में नहीं आता।

सीन-22

लोकेशन-इनडोर (छतर मंजिल-दरबार हाल) टाइम-दिन

बादशाह हैदरी खां का गाना सुनते हैं। कहते हैं अब हैदरी खां को छतर मंजिल के पास ही रहने को मकान दिया जाए। इसलिए उनके आने-जाने में इतना वक़्त न लगे। यह सुनकर हैदरी खां परेशान होते हैं। आग़ा मीर को भी अच्छा नहीं लगता।

सीन-23

लोकेशन-इनडोर (हैदरी खां का घर) टाइम-दिन

हैदरी खां के घर में अज़ीमन खाना पका रही है। हैदरी खां और अल्लारखा और रतनलाल यह बात कर रहे हैं कि परसों सुल्तानपुर के शिवमंदिर में मेला शुरू हो रहा है। इस मेले में हर साल हैदरी खां गाते हैं। इस साल यह कैसे हो पाएगा। तीनों निकल भागने की योजना बनाते हैं। अज़मीन को इस योजना का पता नहीं चल पाता।

सीन-24

लोकेशन-इनडोर (हैदरी खां के घर का आंगन) टाइम-रात

हैदरी खां, अल्लारखा और रतनलाल घर की कच्ची दीवार फांद कर निकल भागते हैं।

सीन-25

लोकेशन-आउट डोर (गोमती का किनारा) टाइम-रात

हैदरी खां, अल्लारखा और रतनलाल नाव पर गोमती पार करते हैं। दिन का उजाला फैलने लगा है।

सीन-26

लोकेशन-इनडोर (छतर मंजिल) टाइम-दिन

बादशाह को पता चलता है कि हैदरी खां भाग गए हैं। वे गुस्से में पागल हो जाते हैं। आग़ा मीर को बुरा भला कहते हैं। सबको डांटते-डपटते हैं। कहते हैं फौरन हैदरी खां को तलाश करके लाया जाए।

सीन-27

लोकेशन-आउट डोर (मंदिर का चबूतरा) टाइम-दिन

हैदरी का स्वागत किया जाता है। वे गाना शुरू करते हैं। बड़ी भीड़ जुटी हुई है। हैदरी खां तन्मय होकर गा रहे हैं।

हैदरी खां को तलाश करते शाही सिपाही मंदिर पहुंच जाते हैं। हैदरी खां को गिरफ्तार कर लिया जाता है।

सीन-28

लोकेशन-इनडोर (दरबार हॉल) टाइम-दिन

बादशाह गुस्से में हैं। आग़ा मीर खबर लाते हैं कि हैदरी खां मिल गए हैं। उन्हें दरबार में हाज़िर किया जा रहा है। बातचीत में आग़ा मीर और वली खां बादशाह को बताते हैं कि दरअसल बादशाह ने आज तक हैदरी खां का इम्तिहान नहीं लिया है। बड़े गायक की पहचान यह है कि वह अपने गाने से लोगों को रुला सकता है। बादशाह की समझ में यह बात आ जाती है।

सीन-29

लोकेशन-आउट डोर (गली) टाइम-दिन

हैदरी को सिपाही उनके घर लाते हैं। दरोग़ा कहता है वे कपड़े वग़ैरा बदल लें और दरबार चलें। सिपाहियों से कहता है कि घर चारों तरफ से घेर लो। हैदरी खां के अंदर जाते हैं।

सीन-30

लोकेशन-इनडोर (हैदरी खां का घर) **टाइम-दिन**

हैदरी खां और अज़ीमन परेशान हैं कि बादशाह नाराज़ है, देखो क्या सज़ा मिलती है। अज़ीमन कहती है कि भाग क्यों गए थे। हैदरी खां उसे समझाते हैं कि मंदिर में जाकर गाना बहुत ज़रूरी था।

हैदरी को कपड़े वगैरा पहनने में अज़ीमन मदद करती है। हैदरी खां कहते हैं तो हो सकता है वे लौटकर घर न आ सकें और आखिरी बार अज़ीमन को देख रहे हों। दोनों दुःखी होते हैं। बाहर से दरोगा की आवाज आती है कि जल्दी करो।

सीन-31

लोकेशन-आउट डोर (छतर मंजिल) **टाइम-दिन**

बादशाह शराब पी रहे हैं। बहुत ज्यादा नशे और गुस्से में लग रहे हैं। आग़ा मीर उनके साथ हैं। वली खां भी मौजूद है। बादशाह को बताया जाता है कि हैदरी खां को पकड़ लिया गया है और उसे हाज़िर किया जा रहा है। "बादशाह और ज़्यादा शराब पीते हैं। नशा बहुत बढ़ जाता है।

हैदरी खां आकर उन्हें सलाम करता है। बादशाह उसे घूर कर देखते हैं। हैदरी खां गाना "शुरू करते हैं। बादशाह उन्हें रोक कर कहते हैं, हैदरी खां सुनते हो? अगर मुझे खाली खुश किया और रुलाया नहीं तो याद रखो कि गोमती में डूबवा दूंगा।"

हैदरी खां गाते हैं कुछ देर बाद बादशाह की आंखों से आंसू निकलने लगते हैं। गाना खत्म होता है। बादशाह पूछते हैं, "बोल हैदरी खां क्या मांगता है?" हैदरी खां ने कहा, "जो मांगूंगा दीजिएगा।" बादशाह ने वायदा किया। हैदरी खां ने तीन बार वायदा लिया और कहा- "हुजूर मैं मांगता हूं कि मुझे फिर कभी न बुलवाइयेगा, और न गाना सुनियेगा।" बादशाह ने ताज्जुब से पूछा, "क्यों?" उन्होंने कहा, "आपका क्या है? बादशाह हैं कभी नाराज हो गए तो मुझे मरवा डालियेगा। फिर मुझ सा हैदरी खां न पैदा होगा। और अगर आप मर जायेंगे तो फौरन दूसरा बादशाह हो जायेगा।" इस जवाब पर बादशाह गुस्से में मुंह फेर लेते हैं और हैदरी खां उठ कर चल देते हैं।

सीन-32
मोनताज

हैदरी खां शीतला देवी के मंदिर में गा रहे हैं। किसी मज़ार पर गा रहे हैं। उर्स में गा रहे हैं। उनके गाने में अध्यात्मिकता के स्वर है। वे डूब कर गा रहे हैं। यह शॉट डिज़ाल्व होता है।

हैदरी खां के गाने का ऊंचा स्वर गूंजता है। वह किसी मंदिर के आंगन में बैठे गा रहे हैं। यह शॉट डिजाल्व होता है। अगले शॉट में जिसमें हैदरी खां दरगाह में गा रहे हैं। इसके बाद हैदरी खां किसी मेले में गाते दिखाई पड़ते है। हैदरी खां स्वर लगातार ऊंचा होता जाता है। यह मोनताज हैदरी खां की मुक्ति का प्रतीक बन जाता है।

दृश्य-लेखन की योजना तथा स्वरूप

कहानी को दृश्यों में विभाजन करने के बाद प्रत्येक दृश्य के कई पक्षों के बारे में विचार किया जाता है। सबसे पहले यह विचार किया जाता है कि सीन में कहानी का कौन-सा अंश आ रहा है। इस अंश के प्रारम्भ करने से पहले क्या ऐसे 'विजुवल' आवश्यक हैं जो दृश्य को स्थापित करने में सहायक हो सकते हैं? या दृश्य की पृष्ठभूमि को समझने में मदद कर सकते हैं? उदाहरण के लिए 'सरगम' के पहले दृश्य में छतर मंजिल को स्थापित करना ज़रूरी है। इसलिए छतर मंजिल का 'लाँग शॉट' लिया जाना ज़रूरी है। इस 'लाँग शॉट' में पालकी आ सकती है। सीन को शुरू करने से पहले यह विचार आवश्यक है कि सीन आपनी पूर्व-पीठिका के साथ शुरू हो।

प्रत्येक सीन का एक उद्‌देश्य होता है। इस पर गम्भीरता से विचार करना आवश्यक है। सीन का एक उद्‌देश्य कथा के एक अंश को सामने लाना है। लेकिन यह भी तय करना होता है कि कथा का अंश विशेष किस तरह अर्थात् किस क्रम में सामने आएगा। कौन-सा प्रसंग पहले आएगा। किस मुद्‌दे या बात से सीन शुरू होगा और क्रमशः अपने उद्‌देश्यों को पूरा करता हुआ कहां समाप्त होगा। दृश्य की नाटकीयता, विचार और वस्तु के क्रम को समझना बहुत आवश्यक है।

दृश्य के उद्‌देश्य के निम्नलिखित आयाम होते हैं।

1. कथा तत्त्व का क्रमिक विकास
2. दृश्य में पात्रों का संयोजन, चित्रण तथा विकास
3. दृश्य की अन्तर्वस्तु का संयोजन
4. दृश्य की नाटकीयता

दृश्य में कथा अंश के विकास को समझना आवश्यक है। यह अंश एक बिंदु से प्रारम्भ होगा और फिर निश्चित दिशा में क्रमशः आगे बढ़ता चला जाएगा। यह भी देखने की बात है कि कथा अंश की गति कैसी है? यह गति न तो इतनी कम होनी चाहिए कि दृश्य बोझिल हो जाए तथा उसमें अनावश्यक चीज़े आ जाएं और न इतनी तेज़ होना चाहिए कि महत्त्वपूर्ण बातों पर पर्याप्त ध्यान न जा सके। सीन के कथा-अंश के सभी पक्षों को लेते हुए एक क्रम

निर्धारित करने की आवश्यकता पड़ती है। इस क्रम के अनुसार ही संवादों तथा एक्शन के माध्यम से सीन आगे बढ़ता है। यह ध्यान रखने योग्य बात है कि दृश्य में जो जानकारियां आपेक्षित हैं वे आ रही हैं या नहीं।

प्रत्येक दृश्य कई तरह से अपनी भूमिकाएं निभाता है। संवादों के माध्यम से दृश्य क्रमशः विकसित होता है। 'एक्शन' भी दृश्य की कथा को विस्तार देते हैं। पात्रों का चरित्र-चित्रण भी दृश्य में लगातार होता रहता है। दृश्य के इन पात्र संबंधी सभी पक्षें का ब्योरा तैयार किया जाता है।

कथा-वस्तु और संवादों के अतिरिक्त प्रत्येक दृश्य एक विशेष भाव-भूमि का निर्माण करता है। भावनाओं की अभिव्यक्ति और उसके सन्तुलन और विकास पर धयान रखना आवश्यक है।

नाटकीयता पूरी पटकथा में ही नहीं, बल्कि हर सीन का एक अनिवार्य तत्त्व है। प्रत्येक दृश्य एक नाटकीय बिंदु से शुरू होता है। यह नाटकीयता किसी भी रूप में हो सकती है। संवाद या एक्शन के रूप में हो सकती या विचारों के अन्तर्द्वंद्व में हो सकती है। यह महत्त्वपूर्ण है कि दृश्य की नाटकीयता को समझा जाए और दृश्य लिखते समय उस पर ध्यान दिया जाए।

दृश्य के संबंध में ऊपर दिए गए बिंदुओं के आधार पर एक अवधारणा बनती है। इसे व्यावहारिक रूप देने के लिए दृश्य लेखन किया जाता है। दृश्य लेखन के अन्तर्गत सबसे पहले दृश्य संख्या का उल्लेख करना ज़रूरी है। उसके बाद दृश्य के स्थान का उल्लेख किया जाता है। इसके अन्तर्गत यह उल्लेख किया जाता है कि दृश्य 'अंदर' लोकेशन (स्थान) के साथ अंदर (Interior या Indoor) और बाहर (Exterior या Outdoor) की जानकारी दी जाती है।

इन तथ्यों के आधार पर सीन लिखने की विधि का निम्न स्वरूप निर्धारित होता है।

सीन-1

(लोकेशन)

स्थान के उल्लेख के बाद दृश्य में समय का उल्लेख किया जाता है।

समय का उल्लेख करते हुए यह जानना जरूरी है कि सिनेमा में प्रायः समय को दिन और रात में ही विभाजित किया जाता है। रात को स्थापित करने के लिए प्रकाश व्यवस्था में अंतर आ जायेगा। इसलिए पटकथा में आमतौर पर समय का उल्लेख रात या दिन किया जाता है। कहीं-कहीं यदि कहानी की आवश्यकता के अनुसार प्रातः काल का समय स्थापित करना या संध्या का समय स्थापित करना बहुत आवश्यक हो तो ऐसा किया जा सकता है समय के उल्लेख के साथ दृश्य इस तरह लिखा जायेगा।

सीन-2

(लोकेशन) - अंदर (स्थान का नाम)

(टाइम) - दिन (Day) या रात (Night)

घटनाएं आमतौर पर पात्रों के साथ या पात्रों के साथ या उनके कारण घटती है। इसलिए दृश्य में स्थान और समय के बाद पात्रों के नामों उल्लेख किया जाना जरूरी है।

सीन-3

(लोकेशन) - अंदर या बाहर (स्थान का नाम)

(टाइम) - दिन या रात

(कैरेक्टर) - हैदरी खां और अज़ीमन

हर सीन यूनिट के विभिन्न विभागों के लिए दिशा-निर्देश तय करता है। इसके आधार पर शूटिंग शेडूल्य (Shooting Schedule) बनता है। पात्र अपनी भूमिका को समझते हैं। निर्देशक शूटिंग स्क्रिप्ट बनाता है। कैमरा मैन और साउण्ड रिकार्डिस्ट अपनी-अपनी भूमिकाएं तय करते हैं। प्रोडक्शन विभाग संबंधित जिम्मेदारी निभाता है। कभी-कभी किसी दृश्य में अभिनेता को किसी ऐसी चीज का प्रयोग करते हुए चित्रित किया जाता है जो सरलता से उपलब्ध नहीं है। उदाहरण के लिए यदि एक दृश्य में एक पात्र को फर्शी हुक्का पीते दिखाया जाना है तो दृश्य में उसका उल्लेख अनिवार्य है। दृश्य विशेष में स्पेशल प्रापर्टी अर्थात विशेष सामग्री का उल्लेख किया जाता है। दृश्य में यह उल्लेख इस प्रकार किया जाता है।

सीन-4

(लोकेशन) - अंदर या बाहर (स्थान का समय)

(टाइम) - दिन या रात

(कैरेक्टर) - पात्रों के नाम

विशेष सामग्री - (स्पेशल प्रापर्टी) सामग्री का नाम

दृश्य को चूंकि यूनिट का प्रत्येक विभाग अपनी अपनी तैयारियां करने के लिए देखता है इसलिए दृश्य का एक संक्षिप्त विवरण देना भी आवश्यक हो जाता है। इस संक्षिप्त विवरण से यह पता चल जाता है कि दृश्य में क्या होगा। स्पेशल प्रापर्टी की इंट्री के बाद विवरण दिया जाता है।

सीन-5

(लोकेशन) - अंदर या बाहर (स्थान का नाम)

(टाइम) - दिन या रात

(कैरेक्टर) - पात्रों के नाम

(डिस्क्रिप्शन) - अज़ीमन तख़्त पर खाना लाकर रखती है। प्लेट लगाती है। हैदरी खां आकर बैठ जाते हैं। खाना शुरू करते हैं। अजी़मन को बताते हैं कि उन्हें आज किसी ने अपने घर गाने के लिए बुलाया है पर वे नहीं जानते हैं कि यह कौन आदमी है। खाने के बाद हैदरी खां हुक्का पीते हैं। इसी दौरान दरवाज़े पर उनका नाम लेकर कोई पुकारता है और हैदरी खां उठ जाते हैं।

विवरण देने के बाद दृश्य में संवाद लिखे जाते है। पात्र का नाम लिखने के बाद संवाद लिख दिए जाते हैं। संवाद लिखने से पहले यदि लेखक पात्र के लिए किसी प्रकार का कोई निर्देश लिखता चाहता है तो कोष्ठक (Bracket) में निर्देश लिखा जा सकता है। निर्देश आमतौर पर संवाद बोले जाने के ढंग, तरीके या मनः स्थिति के बारे में होता है।

सीन-6

लोकेशन - अंदर (स्थान का नाम)

टाइम - दिन या रात

कैरेक्टर - (पात्रों के नाम)

डिस्क्रिप्शपन - (दृश्य का विवरण)

संवाद

हैदरी खां

(तख़्त पर बैठते हुए बेफिक्री से कहते हैं)

देखो क्या होता है .... मैं तो जानता भी नहीं .... वो कौन है .... हवादार में जा रहे थे .... जरूर कोई रईस होंगे ....।

सीन का बहुत महत्त्वपूर्ण अंश संवाद लेखन है। संवाद लेखन की चर्चा अगले अध्याय में की जा रही है।

संवाद क्या है?

दो या दो से ज़्यादा लोगों के बीच होने वाली बातचीत को संवाद कहते है। आमतौर पर यह बातचीत सार्थक होती है और इसके अर्थ होते हैं। इस बातचीत का माध्यम शब्द द्वारा निर्मित वाक्य बनते हैं जो मनुष्यों के बीच होने वाले क्रियाकलापों, भावनाओं, विचारों, प्रतिक्रियाओं और आकांक्षाओं आदि को सामने लाते हैं।

दो या दो से अधिक पात्रों के बीच होने वाली बाचतीत को संवाद कहते हैं।

उपन्यास और कहानी की तुलना में संवाद फिल्म में अधिक महत्त्वपूर्ण भूमिका निभाते है क्योंकि फिल्म दृश्य-श्रव्य (Andio-Visual) माध्यम है। कहानी या उपन्यास में केवल कल्पना की जाती है कि पात्र संवाद बोल रहा है। लेकिन फिल्म या टेलीविजन में पात्र संवाद बोलता हुआ दिखाई पड़ता है। इस कारण फिल्म में संवाद और पात्रों के सम्बन्धों की आसानी से पड़ताल की जा सकती है।

उपन्यास या कहानी की तुलना में फिल्म में संवाद अधिक महत्त्वपूर्ण होते हैं।

फिल्म में पात्रों द्वारा बोले गए संवाद एक ओर जहां वास्तविक जीवन में बोले गए संवादों के समान होते हैं तो कहीं-कहीं 'लार्जर दैन लाइफ' होते हैं। कम या अधिक पात्रों के बीच भाषा द्वारा अर्थपूर्ण संवाद कभी-कभी भाषा और संकेत का मिला-जुला रूप भी हो सकता है। यदि एक आदमी दूसरे से कुछ पूछता है और दूसरा संकेत द्वारा उसका उत्तर देता है तो यहां सम्प्रेषण हो जाता है पर दोनों ओर से भाषा का प्रयोग नहीं किया गया है।

संवाद और संकेत मिल कर सम्प्रेषण करते हैं।

कहानी में विविध प्रकार के पात्र होते हैं। इन पात्रों

की पृष्ठभूमि और स्वभाव भिन्न होता है। यही कारण है विभिन्न पात्रों के संवाद एक-दूसरे से बहुत भिन्न होते हैं। पात्रों के संवादों की विभिन्नता संवाद लेखक के लिए चुनौती होती है। लेखक को न केवल प्रत्येक पात्र की भाषा अथवा बोली बोलने का स्टाइल तय करना पड़ता है बल्कि कहीं-कहीं यह भी सुनिश्चित करना पड़ता है कि फिल्म के आगे बढ़ने के साथ-साथ संवादों में किस तरह का परिवर्तन आएगा।

विभिन्न पात्रों के संवाद एक-दूसरे से अलग होने चाहिए।

संवादों के कई रूप होते हैं। कारण यह है कि भाषा बोलने वालों की पृष्ठभूमि में पर्याप्त अन्तर होता है। उदाहरण के लिए हरियाणा में बोली जानी हिन्दी और बिहार में बोली जानी वाली हिन्दी में पर्याप्त अन्तर है। एक भाषा होते हुए भी स्थानीय बोलियां संवादों को कई तरह से प्रभावित करती हैं।

संवाद में 'बोली' का पुट केवल इतना होना चाहिए कि दर्शक आसानी से समझ ले।

भाषा के विविध रूपों के बारे में संवाद लेखक की जानकारी जितनी अधिक होगी, संवाद उतने ही पैने और प्रभावशाली होंगे।

संवादों में स्थानीय बोलियों का पुट इस तरह दिया जाता है कि विस्तृत हिन्दी क्षेत्र के दर्शक उसे समझ लें। हिन्दी फिल्मों का बाज़ार बहुत बड़ा है। देश के विभिन भागों के अतिरिक्त विदेश में भी हिन्दी फिल्में देखी जाती हैं। हिन्दी फिल्में देखने वाले केवल हिन्दी भाषी ही नहीं है। इसलिए संवाद लेखक की चुनौती बढ़ जाती है।

समाज के विभिन्न वर्गों, समूहों और आयु वर्ग की भाषा के स्वरूप को जानना आवश्यक है।

पटकथा के संवाद, जीवन में पात्र विशेष द्वारा बोले गए संवादों की अनुकृति होते हैं। जीवन में जो पात्र जैसे बोलता है, पटकथा में उसके संवाद उसी रूप में आते हैं। इसलिए अच्छे संवाद की पहली शर्त यह है कि वह यथार्थवादी हो, स्वाभाविक हो। जो संवाद पात्र के जीवन से दूर गढ़े हुए, अस्वाभाविक और अतिरंजित होते हैं वे दर्शक को प्रभावित नहीं करते और फिल्म में झोल पैदा हो जाता है।

सहज संवाद आमतौर पर बहुत लम्बे, आडम्बरपूर्ण और गढ़े हुए नहीं होते। संवाद का अपनी सीमा में रहना बहुत आवश्यक है। संवाद लेखक को पात्र की भाषा सुनिश्चित करने के बाद यह तय करना पड़ता है कि स्थिति विशेष में उसका संवाद कितना लम्बा होगा। तर्क पर ध्यान दिए बिना जो संवाद लिखे जाते हैं वे प्रायः बनावटी लगते हैं और उनका कोई प्रभाव नहीं पड़ता।

संवाद जितने सुगठित होंगे, छोटे होंगे, 'टु द प्वाइंट' होंगे उतने ही प्रभावशाली होंगे।

स्वाभाविक संवाद ही श्रेष्ठ संवाद होते हैं।

छोटे, सुगठित और 'टु द प्वाइंट' संवाद ही श्रेष्ठ होते हैं।

संवाद के प्रकार

संवादों के बहुआयामी स्वरूप के आधार पर उसके प्रकार निर्धारित किए जाते हैं।

संवादों के माध्यम से न केवल साधारण बातचीत होती बल्कि भावनाओं और विचारों को भी व्यक्त किया जाता है। परिस्थितियों और घटनाओं का ब्योरा दिया जाता है, टिप्पणियां की जाती हैं। संवादों का बहु आयामी स्वरूप उसके प्रकार निर्धारित करने पर बाध्य करता है। संवाद के विविध प्रयोगों के आधार पर संवाद को चार वर्गों में विभाजित किया जा सकता है :

1. सामान्य जानकारी देने या लेने वाले संवाद
2. औपचारिक कार्य-व्यापार की सूचना देने वाले संवाद
3. विचार व्यक्त करने वाले संवाद
4. भावनाएं व्यक्त करने वाले संवाद

सामान्य जानकारियां देने वाले संवाद सीधे-साधे होते हैं। इनके माध्यम से केवल जानकारी या सूचना दी जाती है। इनमें किसी तरह का कोई अतिरिक्त भाव नहीं होता। इनकी भाषा सहज होती है। प्रायः व्याकरण का पूरा ध्यान रखा जाता है और कोशिश की जाती है कि दर्शक को सहजता से बात समझ में आ जाए और किसी प्रकार की कोई भ्रांति न पैदा हो।

भावनाओं को व्यक्त करने के लिए नए शब्दों और अभिव्यक्तियों की आवश्यकता पड़ती है।

भावनाएं व्यक्त करने वाले संवाद पटकथा में बहुत महत्त्व रखते हैं। मनोभावों को व्यक्त करना कठिन और जटिल काम है। प्रायः सभी कहानियों में ऐसे प्रसंग आते हैं जहां पात्र प्रेम, समर्पण, हर्ष, द्वेष, घृणा, ग्लानि, प्रतिशोध आदि भावनाएं व्यक्त करते हैं।

ध्यान देने योग्य तथ्य यह है कि मनुष्य की भावनाएं मानव समाज में बहुत लम्बे समय से हैं। हजारों साल से इन भावनाओं को तरह-तरह से व्यक्त किया जाता रहा है। ऐसी स्थिति में संवाद लेखक के लिए यह चुनौती भरा काम होता है कि वह भावनाओं को व्यक्त करने के लिए नए शब्द और अभिव्यक्तियां कहां से लाए, क्योंकि भावनाओं को व्यक्त करने वाले बहुत से शब्द अत्यधिक प्रयोग के कारण अपनी आभा खो चुके हैं और उनका कोई प्रभाव भी दर्शक-श्रोता के मन पर नहीं पड़ता।

बहुत से पुराने शब्द अपनी आभा खो चुके हैं।

भावनाओं को व्यक्त करने वाले संवाद प्रायः काव्य उपादानों (Tools of Poetry) का सहारा लेकर लिखे जाते हैं। लेकिन इसमें भी नयापन पैदा करना संवाद लेखक के लिए चुनौती होता है।

भावनाओं को व्यक्त करने के लिए काव्य के उपादानों का सहारा लिया जाता है।

विचार व्यक्त करने वाले संवादों में आवश्यकता-नुसार संवाद लेखक पात्र के विचारों को वयक्त करता है। विचार जटिल होते हैं और परिष्कृत भाषा की मांग करते हैं लेकिन परिष्कृत भाषा प्रायः साधरण दर्शक नहीं समझ पाते। इसलिए विचार प्रधान संवाद लिखने के लिए संवाद लेखक को ऐसी शब्दों की तलाश करनी पड़ती है जो पारिभाषिक न होते हुए भी विचार को व्यक्त कर दें। ऐसे अवसर पर संवाद लेखक का अनुभव और भाषा ज्ञान ही उसके काम आता है।

विचार व्यक्त करने वाले संवाद परिष्कृत भाषा की माँग करते हैं।

फिल्म की पटकथा में अदालत द्वारा दिया गया फैसला या पुलिस द्वारा लिखी गई एफ.आई.आर. या सरकारी आदेश आदि औपचारिक संवादों की श्रेणी में आते हैं। इन संवादों में संवाद लेखक को औपचारिक दस्तावेजों की भाषा और वाक्य विन्यास के निकट रहना चाहिए ताकि संवाद प्रमाणिक बन सकें।

संवाद का काम

संवाद कहानी आगे बढ़ाते हैं।

संवाद के माध्यम से पात्रों का चरित्र-चित्रण होता है।

संवाद वातावरण बनाने में सहायक सिद्ध होते हैं।

संवाद कथा के द्वंद्व को आगे बढ़ाते हैं।

फिल्म में संवाद केवल पात्रों के कार्यकलाप, मनोभावों और विचारों को ही सामने नहीं लाते बल्कि अन्य महत्त्वपूर्ण भूमिकाएं भी निभाते हैं।

संवाद कहानी को आगे बढ़ाने का महत्त्वपूर्ण काम करते हैं। फिल्म या कहानी में हर घटना को लिखा या दिखाया नहीं जा सकता। कुछ घटनाएं पात्रों के संवादों के माधयम से सामने आती हैं और इस तरह कहानी आगे बढ़ती है। संवाद लेखक कथा की आवश्यकता के अनुसार दृश्यों में संवाद लिखते समय उन प्रसंगों का उल्लेख संवादों के माध्यम से कर देता है जो कहानी को विस्तार देते हैं।

संवाद के माध्यम से पात्रों का चरित्र चित्रण भी होता है। यह प्रक्रिया निम्न स्तरों पर चलती है –

1. पात्र द्वारा बोले गए संवाद से पात्र का ही चरित्र-चित्रण
2. पात्रों द्वारा बोले गए संवादों से एक या अधिक पात्रों का चरित्र-चित्रण
3. किसी पात्र की अनुस्थिति में उसके बारे में अन्य पात्रों द्वारा बोले गए संवादों से पात्र का चरित्र-चित्रण
4. अप्रस्तुत की जानकारी देना

उदाहरण–

1. कहानी को आगे बढ़ाने वाले संवाद

रवि

– ज्योत्सना मुझे अस्पताल के बाहर ही मिल गई थी। उसकी आंखे सूजी हुई थीं...उसने बताया कि रात आपरेशन के बाद मनोहर को होश ही नहीं आया था...वह चला गया... हमेशा के लिए।

(ऊपर दिए गए ज्योत्सना के संवाद से कहानी आगे बढ़ती है। मनोहर की मृत्यु की सूचना मिलती है)

संवाद अप्रस्तुत की जानकारी देते हैं।

संवाद संबंधों का चित्रण भी करते हैं।

2. सीधे-सरल कार्य-व्यापार को सामने लाने वाले संवाद

अनिल

– इन्दर लौट कर आ गया है और अपना हिसाब किताब करने तुम्हारे पास आएगा।

भावनात्मक संवादों की भाषा काव्यात्मक होती है।

3. भावना व्यक्त करने वाले संवाद

रवि

– मैं पूरी रात अनिता के फोन का इन्तिज़ार करता रहा। मुझे लग रहा या उसका फोन न आया तो –ये दुनिया मेरे लिए वो नहीं रह जाएगी जो थी...

विचार प्रधान संवादों की भाषा सहज होना चाहिए।

अच्छे संवाद लेखन के लिए विविध और व्यापक जीवन अनुभव दरकार है।

4. विचारों को व्यक्त करने वाले संवाद

अमर

– इतनी छोटी सी बात लोग क्यों नहीं समझते कि मिल बांट कर खाने में ही जिन्दगी का मज़ा है।

5. पात्र विशेष द्वारा बोले गए संवाद से ही पात्र का चरित्र-चित्रण

रोचकता संवाद को लोकप्रिय बनाती है।

प्रमोद

– मैं अगर डर गया होता तो मर जाता....मैं डर कर मरना नहीं चाहता...
(प्रमोद के निडर और निर्भीक होना लक्षित होता है)

6. कई पात्रों द्वारा बोले गए संवादों से सभी पात्रों का चरित्र-चित्रण

संवाद में व्यंग्य और कटाक्ष का महत्त्व होता है।

(किसी इमारत के एक फ्लैट में आग लगी है। उसके सामने राजू, घनश्याम और सनत खड़े हैं)

राजू

– मैंने फायर ब्रिगेड को फोन कर दिया है...वो आने ही वाली होगी...

संवाद को अप्रत्याशित उत्तर रोचक बनाते हैं।

सनत

– पता नहीं फायर ब्रिगेड कब आए...चलो, ऊपर चलते हैं...

राजू

– जान दोगे सनत? ...हम तुम कर ही क्या सकते हैं।

घनश्याम

– चलो, पीछे चल कर देखते हैं...शायद ऊपर जाने वाली सीढ़ियो पर आग न हो....

सनत

– जब तक पीछे पहुँचोगे...फ्लैट में सब लोग जल चुके होंगे...मैं...जा रहा हूं

राजू

– सनत..बेमौत मरोगे...तुम कुछ न कर पाओगे. ..

(ऊपर दिए गए सनत, राजू और घनश्याम के संवादों से तीनों का चरित्र-चित्रण होता है। सनत एक साहसी, खतरा उठाने वाले पात्र के रूप में सामने आता है। राजू औपचारिकता पूरी करनेवाले व्यक्ति के रूप में सामने आता है और सनत को खतरा उठाने से रोकता है। घनश्याम कुछ और उपाय करना चाहता है पर खतरा नहीं-उठाना चाहता)

'क' और 'ख' के संवादों में यदि प्रश्नों के ऐसे उत्तर मिलते हैं जिनका आशा नहीं की जा सकती है तो इससे संवादों में रोचकता बढ़ जाती है। जैसे

क—तुमसे कोई मिलने आया है

ख—कौन?

क—कुत्ता

ख—कुत्ता?

क—वही बलबीर

7. *किसी पात्र के बारे में उसकी अनुपस्थिति में अन्य पात्रों द्वारा बोले गए संवादों के माध्यम से अनुपस्थित पात्र का चरित्र-चित्रण*

(किसी सरकारी कोठी का बड़ा ड्राइंगरूम

संवाद लेखक परिस्थिति के अनुसार ऐसे संवाद लिख सकता है जो परिस्थितिजन्य लगें और उनमें नयापन भी हो।

जिसमें पांच लोग बैठे हैं। आमोद देखने से बिज़नेसमैन लग रहा है। साधू, राधे और अमजद पॉलीटिकल लोग हैं। ये सब नेता जी का इन्तिज़ार कर रहे हैं)

साधु

– आमोद जी ये जो आपका काम है न...नेताजी के लिए कुछ नहीं...चुटकी बजाते ही हो जाएगा।

अमजद

– एक फोन...अजी बस...एक फोन घुमाएंगे और इन्कमटैक्स कमिश्नर सिर के बल चला आएगा...

राधे

– सब जानते हैं...नेताजी तो दिल्ली में मिनिस्टर को हड़का देंगे...ये सब किस खेत की मूली हैं...

आमोद

– आज लास्ट डेट है...

अमजद

– अजी कैसी डेट और कैसा लास्ट चांस...आपने नेताजी का जलवा देखा कहां है...सीधे को उल्टा खड़ा कर देते हैं और उल्टे को सीधे...

(नेताजी की अनुपस्थिति में राधे, साधु और घनश्याम के बोले संवादों से नेताजी का चरित्र-चित्रण हो रहा है। पता चल रहा है कि वे कितने प्रभावशाली और ऊंची पहुंच वाले हैं)

8. अप्रस्तुत वातावरण निर्मित करना

शकील

– जब मैं गांव पहुंचा तो बाढ़ का पानी उतर चुका था लेकिन दूर-दूर तक कोई घर नहीं दिखाई पड़ता था। टूटे-फूटे झोंपड़े, गिरे हुए पेड़, जानवरों की सड़ती हुई लाशों और उन पर बैठे गिद्धों के अलावा वहां कोई नहीं था...चारों तरफ ऐसा सन्नाटा था जैसा कब्रिस्तान में भी नहीं होता।

(शकील के संवाद से एक ऐसा वातावरण चित्रित हो रहा है जो फिल्म के पर्दे पर नहीं दिख रहा है पर दर्शक-श्रोता उसकी कल्पना कर सकते हैं।)

संवाद और पात्र

पात्र का संवाद लेखक से यही आग्रह होता है "मैं जैसा बोलता हूं वैसा तू लिख।"

संवाद का पात्र से गहरा रिश्ता होता है क्योंकि **संवाद पात्र ही** बोलते हैं। अच्छे संवाद का रहस्य पात्रों में छिपा होता है। जो संवाद लेखक अपने पात्रों को जितनी अच्छी तरह जानता है और उनके स्वरूप की जितनी अच्छी कल्पना कर सकता है वह उतने ही अच्छे संवाद लिख सकता है। पात्र का संवाद लेखक से यही आग्रह होता है–'मैं जैसा बोलता हूं वैसा तू लिख' अच्छा संवाद लेखक स्वाभाविक संवाद लिखता है।

हर पात्र की अपनी अलग एक दुनिया होती है जिसे जाने बिना पात्र के संवाद नहीं लिखे जा सकते।

पात्र हैं कौन? फिल्म, उपन्यास या कहानी के पात्र कौन होते हैं? कहां से आते हैं? उन्हें कैसे जाना–परखा जा सकता है? ये साधारण सवाल हैं जो संवाद लिखने से पहले लेखक के मन में उठते हैं। दरअसल फिल्म या कथा के पात्र सीधे जीवन से लिए गए पात्र होते हैं। वे हमारी आपकी तरह होते हैं। उनके भी मां–बाप होते हैं। उनका भी कहीं जन्म होता है। उनका भी परिवार होता है। हो सकता है सम्पन्न परिवार हो या हो सकता केवल खाता–पीता परिवार हो। यह भी सम्भव है कि कोई पात्र किसी बिल्कुल निर्धन परिवार में पैदा हुआ हो। पात्र के पिता की कोई सामाजिक हैसियत भी होगी? परिवार कहां रहता होगा? पात्र की पढ़ाई–लिखाई हुई होगी या नहीं? पात्र जिस क्षेत्र का होगा उस क्षेत्र की भाषा का प्रभाव उस

पर पड़ा होगा। पात्र की उम्र क्या होगी? युवा, अधेड़ या बूढ़ा? उम्र के अनुसार भी उसकी भाषा बदलेगी। पात्र का धर्म क्या होगा? धार्मिक संस्कारों ने उसकी भाषा और विचारों पर प्रभाव डाला होगा।

संक्षेप में संवाद लिखने से पहले पात्र के बारे में निम्न जानकारी होना आवश्यक है।

1. पात्र की उम्र
2. पात्र की पारिवारिक पृष्ठभूमि
3. आर्थिक पृष्ठभूमि
4. पात्र की शिक्षा
5. पात्र का सामाजिक और सांस्कृतिक परिवेश
6. पात्र का धर्म
7. पात्र का भौगोलिक इलाका
8. पात्र का व्यवसाय
9. पात्र की विशेष अभिरुचियां
10. पात्र की भाव भंगिमाएं और पहनावा
11. कथा में पात्र की मूभिका
12. कथा के अन्य पात्रों के साथ पात्र का सम्बन्ध
13. कथा में पात्र की भावनाओं का ग्राफ

    पात्र के बारे में ऊपर लिखी जानकारियों का पता लग जाने के बाद पात्र की भाषा का स्वरूप निर्धारित किया जाता है। भाषा के स्वरूप में यह तय किया जाता है उसकी भाषा में कितने और किस तरह के अन्य भाषाओं या बोलियों के शब्द होंगे। वाक्य रचना किस प्रकार की होगी। मुहावरों, लोकोक्तियों का प्रयोग किया जाएगा या नहीं?

भाषा का स्वरूप तय हो जाने के बाद देखा जाता है कि दृश्य में पात्र के संवाद कहां और कैसे आ रहे

बूढ़ों की भाषा अलग होती है, जवानों की अलग और बच्चों की अलग।

कोई पात्र अपने स्वभाव के प्रतिकूल एक शब्द भी नहीं बोल सकता।

हैं? पात्र प्रश्न पूछ रहा है? उत्तर दे रहा है? या कुछ और कह रहा है? दृश्य की आवश्यकता के अनुसार संवाद लिखे जाते हैं।

संवाद से पात्र की पहचान होती है।

जिस प्रकार संवाद का स्वरूप पात्रों के अनुसार बनता है उसी प्रकार प्रत्येक संवाद अपने पात्र की पहचान करता है। संवाद सुनते ही पता चल जाता है कि पात्र कौन है कहां से आया है, उसकी सामाजिक-आर्थिक स्थिति क्या है? शिक्षा कैसी हुई है? उदाहरण के लिए नीचे कुछ संवाद दिए जा रहे हैं। दो संवादों को-दो पात्रों के तीन ग्रुप बोलते हैं? प्रत्येक ग्रुप के पात्रों के बोलने से पात्रों का क्षेत्र, उसकी सामाजिक आर्थिक स्थिति पता चल जाती है।

पात्र ही संवाद नहीं बोलता संवाद भी पात्र की पहचान कराता है।

ग्रुप-1

– राम राम भइया, कइसा हाल-चाल है?
– राम राम...सबै ठीक है भइया...ऊपर वाले की दया है।

ग्रुप-2

– हाय, हाऊ आर यू डियर?
– फाइन...फेरी...फाइन...तू बता?

ग्रुप-3

– आदाब अर्ज़ है, आप कैसे हैं हुजूर।
– आदाब-आदाब, मेहेरबानी, शुक्रिया...खुदा के फ़ज़ल से अच्छा हूं।

हर संवाद के साथ एक भाव- भंगिमा या एक एक्शन या एक भाव जुड़ा होता है जो संवाद को पूरा अर्थ देता है।

पात्र ही संवाद नहीं बोलता बल्कि संवाद भी पात्र की पहचान कराता है। यही कारण है कि पात्र और संवाद का रिश्ता बहुत महत्त्वपूर्ण, बहुआयामी और कोमल होता है। एक शब्द की ग़लती पूरे संवाद और पात्र को क्षति पहुंचा सकती है।

संवाद की भाषा

संवाद की भाषा का गतिशील स्वरूप इसे चुनौतीपूर्ण बनाता है। औपचारिक भाषा की तुलना में संवाद की भाषा में बहुत अधिक विविधता होती है। संवाद की भाषा की एक दूसरी चुनौती उसकी सम्प्रेषणीयता है। अर्थात संवाद की भाषा फिल्म और टीवी देखने वाले व्यापक जन–समुदाय की समझ में आना चाहिए। संवाद की भाषा की विविधता सुगम और सर्वग्राह्य होनी चाहिए। संवाद की भाषा की एक और चुनौती उसका स्वाभाविक होना है। संवाद की भाषा लेखक की नहीं बल्कि पात्रों की होती है।

संवाद के प्रकार अध्याय में यह चर्चा की गई है कि संवाद प्रायः चार प्रकार के होते हैं। संवादों के आधार पर ही संवाद की भाषा का स्वरूप तय किया जाता है।

1. सामान्य जानकारी देने या लेने वाले संवाद :

इस प्रकार के संवादों की भाषा सरल, सहज और पूरी तरह समझ में आने वाली भाषा होती है। प्रायः बोलचाल की साधारण भाषा का प्रयोग ही किया जाता है। भाषा में व्याकरण का पूरा ध्यान रखना आवश्यक है कि संवादों में कोई जटिलता या उलझाव न हो। इस प्रकार के संवादों की भाषा में प्रायः सांकेतिकता का प्रयोग नहीं किया जाता है। इसका उद्‌देश्य बहुत सीधे और सरल तरीके से अपनी बात कहना, जानकारी देना या लेना है।

2. औपचारिक कार्य-व्यापार की सूचना देने वाले संवाद :

इस प्रकार के संवादों के अंतर्गत अदालत द्वारा दिए गए फैसले, पुलिस द्वारा दर्ज रिपोर्ट या सरकारी आदेश आदि आते हैं। इसकी भाषा एक प्रकार की तकनीकी भाषा होती है। यह राजभाषा का एक स्वरूप है। इसके अंतर्गत भाषा का निर्धारित स्वरूप ही प्रयोग में लाया जाता है।

3. विचार व्यक्त करने वाले संवाद :

संवादों में कहीं-कहीं विचार या विचारधारा व्यक्त करने की भी आवश्यकता पड़ती है।

विचारधारा प्रायः पारिभाषिक शब्दावली द्वारा व्यक्त की जाती है। पारिभाषिक शब्द उस समय तक स्पष्ट नहीं होते जब तक पूरी विचारधारा का ज्ञान न हो। सिनेमा के दर्शकों से यह अपेक्षा नहीं की जा सकती कि वे दर्शन या ज्ञान के अन्य क्षेत्रों की पारिभाषिक शब्दावली से पूरी तरह से परिचित होंगे। यह भी संभव नहीं है कि फिल्म में किसी विशेष विचारधारा से प्रभावित पात्रों का चरित्र-चित्रण करते हुए उन विचारों को सामने न लाया जाए जो उसकी विचारधारा के मूलतत्त्व हैं। ऐसी स्थिति में इन संवादों की भाषा सरल, समझ में आनेवाली होनी चाहिए जिसके माध्यम से विचारधारा के मुख्यबिन्दु सामने आने चाहिए। इस प्रकार की भाषा निश्चित रूप से संवाद लेखक के लिए चुनौतीपूर्ण होते है पर यह असंभव भी नहीं है।

4. संवाद की भाव प्रधान भाषा

संवाद की भाषा में भावनाएं व्यक्त करने के लिए एक अलग प्रकार का प्रयोजन किया जाता है। प्रेम, त्याग बलिदान, ईर्ष्या, घृणा, प्रतिशोध जैसे भावों को सामने लाने वाले संवादों में कविता की भाषा के कुछ तत्त्वों को मिलाया जाता है। भारतीय काव्य शास्त्र में शब्दों को अधिक प्रभावशाली बनाने के सम्बन्ध में बहुत विचार हुआ है। शब्द और अर्थ के सम्बन्ध को शब्द शक्ति कहा गया है। काव्य शास्त्र की शब्द-अर्थ और भाषा सम्बन्धी कुछ धारणाओं का ज्ञान संवाद लेखक के लिए बहुत उपयोगी सिद्ध होता है।

शब्द और अर्थ के सम्बन्ध को शब्द शक्ति कहा गया है। जिसके तीन भेद माने जाते है

1. अभिधा शब्द शक्ति

शब्द को सुनकर या पढ़कर श्रोता या पाठक के मन में शब्द के लोक प्रचलित अर्थ का बोध होता है। जो शब्द जिस अर्थ में प्रचलित है वही अर्थ देता है। जैसे फल, रोटी, कपड़ा, मकान आदि।

3. लक्षणा शब्द शक्ति

शब्द का प्रचलित अर्थ बदल जाता है और शब्द का वह अर्थ सामने आता है जिसे लक्ष्य किया जाता है जैसे-

जगतसिंह भगवान हैं।

मोहन गधा है।

3. व्यंजना शब्द शक्ति

जब शब्द अभिधा और लक्षणा से अलग एक विशेष अर्थ देते हैं जिसका प्रयोजन शब्द व्यंजित करना होता है। जैसे–

उसका एक पैर कब्र में है।

रमेश के आफिस में भूचाल आया हुआ है।

उसका घर गंगा में है।

पैर कब्र में है, आफिस में भूचाल आया हुआ है और घर गंगा में है, से ध्वनि होने वाला अर्थ व्यंजना शब्द शक्ति है। पैर कब्र में होने से ध्वनित होता है कि वह बहुत बूढ़ा है। आफिस में भूचाल आया है से मतलब यह है कि आफिस में हालात बहुत खराब हैं। घर गंगा में है से तात्पर्य निकलता है कि घर गंगा जैसा पवित्र है।

शब्द शक्ति का सबसे बड़ा महत्त्व यह है कि जब सामान्य भाषा में उत्तेजनापूर्ण भावना सीधे-सरल शब्दों में नहीं बताई जा सकती तब लक्षणा और व्यंजना का सहारा लिया जाता है। शब्द शक्ति पर विस्तार से जानकारी प्राप्त करने के लिए काव्यशास्त्र का अध्ययन किया जा सकता है।

भावनापरक संवाद लिखने के लिए प्राय: अलंकार का सहारा भी लिया जाता है। जो प्रयास भाषा को सुन्दर और प्रभावशाली बनाते हैं उन्हें अंलकार कहा जाता है। भाव को स्पष्ट और प्रभावशाली बनाने में अंलकार का महत्त्वपूर्ण योगदान होता है। अलंकारों की जानकारी संवाद लेखक को अच्छे संवाद लिखने से लैस कर देती है।

प्रमुख शब्दालंकार जो प्रयोग में आते हैं निम्न है:

(क) अनुप्रास : जब कोई वर्ण या शब्द बार-बार आता है और उसके कारण वाक्य में जो सुन्दरता आती है उसे अनुप्रास अलंकार कहते हैं। जैसे–चल-चल चमेली बाग में मेवा खिलाऊंगा।

(ख) यमक : जहां एक ही शब्द एक वाक्य में एक बार से अधिक प्रयोग किया गया हो और दोनों शब्दों के अलग-अलग अर्थ हों। जैसे–पाती पर पाती लिखो यहां पाती का अर्थ पत्ती है। दूसरी पाती का अर्थ पत्र है।

(ग) श्लेष : किसी वाक्य में कोई शब्द एक बार ही प्रयोग किया गया हो पर उसके दो अर्थ हों। मतलब यहां एक शब्द के एक से ज़्यादा अर्थ हों वहां श्लेष अलंकार होता है। जैसे–मोहन सोना चाहता है।

(क) उपमा : जब उपमेय (जिस व्यक्ति, वस्तु से उपमा दी जाती है) की तुलना उपमान (जिससे तुलना की जाती है) से किसी गुण-धर्म या क्रिया के आधार पर की जाती है। जैसे–उसके होंठे गुलाब से हैं। उसकी चाल मोर सी है।

(ख) रूपक : जहां उपमेय और उपमान का भेद मिट जाता है। जैसे–उसके बाल काले नाग हैं। उसकी आंखें समन्दर हैं।

(ग) उत्प्रेक्षा : जब उपमेय में उपमान की कल्पना या सम्भावना दिखाई देती है। जैसे–मानो उसके दांत मोती हैं।

(घ) प्रतीप : यहां उपमान को उपमेय की तुलना में छोटा बताया जाता है। यह उपमा अलंकार के विपरीत होता है जैसे–गुलाब उसके होंठों का मुक़ाबला नहीं कर सकते।

(ड.) व्यतिरेक : जब कारण बताते हुए उपमान को उपमेय से श्रेष्ठ बताया जाता है। जैसे–चांद उसके मुख का क्या मुकाबला करेगा क्योंकि चांद में दाग़ है।

(च) विभावना : जहां कारण न होते हुए भी काम हो रहा हो। जैसे–बिन बादल बरसात हुई

(छ) भ्रांतिमान : जहां उपमेय में उपमान की भ्रांति होती हो। जैसे–मैंने मधु समझकर उसे बांहों में भर लिया, लेकिन वो उसकी दीदी किरन थी।

(ज) असंगति : जहां कारण और कार्य में संगत न हो जैसे–बीमार तो मैं हूं और दवा आप दूसरे को खिला रहे हैं।

(झ) मानवी करण : जब जड़ वस्तुएं मानवीय हो जाती है। जैसे–सड़क ने अंगड़ाई ली। हवा गुनगुना रही है।

(ण) अतिशयोक्ति : जब बात बहुत बढ़ा-चढ़ा कर कही जाती है। जैसे–आप तीन लोक में प्रसिद्ध हैं।

(ट) विशेषोक्ति : यह विभावना अलंकार का उल्टा होता है। जहां कारण उपस्थित होने पर भी कार्य नहीं होता। जैसे–तालाब में रहने के बाद भी कमल मुरझा गया।

(ठ) उदाहरण अलंकार (वाक्योपमा) : उपमेय और उपमान में पूरी समानता दिखाई पड़ती है। जैसे–उसे देखा तो ऐसा लगा जैसे जाड़ों की धूप।

प्रतीक (Symbol)

संवाद की भाषा में प्रतीक का प्रयोग अभिव्यक्ति के स्तर को बहुत ऊपर उठा देता है। प्रतीक किसी भाव या विचार को बहुत प्रभावशाली ढंग से बताने के लिए प्रयोग में लाए जाते हैं। प्रतीक आमतौर पर जनसाधारण में प्रचलित हैं और उनका संवाद में प्रयोग बहुत सरलता से पूरा संदेश प्रेषित कर देता है।

मुख्य रूप से प्रतीक की विशेषताएं ये हैं कि वह अप्रस्तुत को प्रस्तुत कर देते हैं। मन में तुरंत किस भावना का संचार होता है। प्रतीक प्रायः अपने देश की संस्कृति, सभ्यता और इतिहास से प्रेरित होते हैं। प्रतीक बनने की प्रक्रिया लगातार जारी रहती है। प्रतीक के प्रयोग से न केवल वाक्य में नयापन आता है बल्कि उसका प्रभाव बढ़ जाता है। नीचे दो वाक्य दिए जा रहे हैं। एक वाक्य में प्रतीक का प्रयोग किया जा रहा है और एक में नहीं है। दोनों वाक्यों का अभिप्राय एक ही है। पर यह देखने की बात है कि प्रतीक के प्रयोग से वाक्य का स्वरूप कितना सुन्दर, प्रभावशाली और आसानी से समझ में आने वाला बन जाता है।

–अभय सिंह गांव का सबसे बड़ा पहलवान है।

(यही संवाद प्रतीक के साथ)

–अभय सिंह गांव का अर्जुन है।

महाभारत का पात्र अर्जुन वीरता का प्रतीक है और यह प्रतीक जनमानस में रचा बसा है। इसलिए केवल एक प्रतीक के प्रयोग से अभय सिंह का अधिक प्रभावशाली चरित्र-चित्रण हो जाता है।

प्रतीक कई प्रकार के होते हैं। भावना, विचार और स्थिति से निर्मित प्रतीक बहुत प्रचलित हैं। जैसे

–इस घर में तो **महाभारत** हो रही है।

–सावित्री **गंगा** की तरह पवित्र है।

–रूपा घर की **चांदनी** है।

–दयानन्द घर का **विभीषण** है।

बिम्ब (Image)

फिल्म दृश्य माध्यम है और प्रायः दृश्य के माध्यम से फिल्मों में बिम्ब बनाए जाते हैं। लेकिन शब्द बिम्ब बनाना भी बहुत प्रचलित है। शब्द बिम्ब संवादों के माध्यम से बनाए जा सकते हैं। फिल्म में जिन प्रसंगों के दृश्य बिम्ब बनाना उचित नहीं लगता या स्थिति की मांग होती है वहां शब्दो के माध्यम से शब्द बिम्ब बना दिए जाते हैं।

भावनाओं को मूर्त रूप देने के लिए बिम्ब बनाए जाते हैं। इनके माध्यम से भावनाएं अधिक प्रभावशाली ढंग से व्यक्त होती हैं। संवाद में ताज़गी और जीवंतता आती है।

निम्नलिखित उदाहरण के द्वारा संवादों में बिम्ब के प्रयोग की प्रभावशीलता को देखा जा सकता है। संवाद में भावना की अभिव्यक्ति साधारण भाषा में बिना किसी शब्द बिम्ब विधान के हैं। और उसी संवाद को बिम्ब बनाकर लिखा गया है। दोनों में अन्तर देखा जा सकता है।

—मैं उससे बहुत प्यार करता हूं। क्या वो भी मुझसे प्यार करती है?

(प्रेम की अभिव्यक्ति को बिम्ब के आधार पर नीचे दिए गए संवाद में देखें)

—मैं उसमें इतना डूब गया हूं कि हर वक्त और हर जगह मुझे वो ही वो दिखाई देती है...क्या मैं भी उसे कहीं दिखाई देता हूं।

मुहावरा और लोकोक्ति (कहावत)

भाषा में मुहावरों के माध्यम से सटीक और प्रभावशाली अभिव्यक्ति होती है। किसी प्रसंग या अभिव्यक्ति विशेष के सम्बन्ध में शताब्दियों से संचित अनुभव मुहावरों के रूप में स्थापित हो गए हैं। मुहावरों के माध्यम से न केवल सटीक बात कही जाती है बल्कि मुहावरों ऐसे बिम्ब भी बनाते हैं जो श्रोता को सरलता से गहराई तक ले जाते हैं।

बोल-चाल की भाषा में मुहावरों का इस्तेमाल अक्सर किया जाता है। मुहावरे संवाद की भाव प्रधान भाषा में बहुत उपयोगी साबित होते हैं। लेकिन यह देखना आवश्यक है कि मुहावरा पूरे प्रसंग में सटीक बैठता हो और सिनेमा का दर्शक समुदाय उसे अच्छी तरह समझता हो। संवादों में मुहावरों का प्रयोग बहुत सोच-समझकर उचित स्थान पर ही करना चाहिए।

मुहावरों की तरह लोकोक्तियां भी शताब्दियों से बोल-चाल की भाषा का हिस्सा हैं। लोकोक्तियां जीवन के कार्य व्यापार से संबंधित अनुभव आधारित अभिव्यक्तियां हैं जो प्राय: सर्वमान्य हैं। मतलब यह कि उनके द्वारा व्यक्त किया गया मत प्राय: स्वीकार किया जाता है। मुहावरा कुछ शब्दों का समूह माना जाता है जो एक साथ मिलकर अभिव्यक्त होते हैं। मुहावरे का सीधा अर्थ न होकर किसी ओर लक्षित अर्थ होता है। मुहावरे जब वाक्य में प्रयोग किए जाते हैं तो शब्दों को नया आयाम मिलता है। मुहावरे के शब्दों को सामान्यत: बदला नहीं जाता क्योंकि ऐसा करने से उनका प्रभाव नष्ट हो जाता है।

लोकोक्तियां प्राय: वाक्य जैसी होती हैं। उनमें कोई अनुभव जनित सच्चाई छिपी होती है। लोकोक्तियां छोटी होती हैं। भाषा सरल होती है। इनमें लोक जीवन के तत्त्व भी होते हैं। लोकोक्तियों का प्रयोग वाक्य में नहीं किया जाता इन्हें उदाहरण के तौर पर कहा जाता है।

मुहावरों और लोकोक्ति में सबसे बड़ा अतंर यह होता है कि मुहावरे का प्रयोग वाक्य में किया जाता है। पर लोकोक्ति का स्वतन्त्र प्रयोग होता है। मुहावरे के प्रयोग से वाक्य का अर्थ निखर जाता है जबकि लोकोक्ति उदाहरण के रूप में वाक्य को पुष्ट करती है। मुहावरों का महत्त्व और प्रयोग स्वतन्त्र रूप में नहीं किया जाता। जबकि लोकोक्तियों का स्वतन्त्र अस्तित्व होता है। मुहावरे प्राय: लाक्षणिक होते हैं जबकि लोकोक्तियां किसी अनुभव से जन्म लेती हैं।

कुछ लोकप्रिय मुहावरे और संवाद में उनका प्रयोग

1. **अन्धे के हाथ बटेर लगना** (अयोग्य को मूल्यवान वस्तु मिल जाना) ये उम्मीद बिल्कुल नहीं थी कि राजेश जैसे बेवकूफ को इतनी बड़ी नौकरी मिल जाएगी। ये तो समझो अंधे के हाथ बटेर लगी है।
2. **अंगूठा दिखाना** (वायदा खिलाफी करना) अपना काम निकलने के बाद उसने मुझे अंगूठा दिखा दिया।
3. **अंधेरे में तीर मारना** (केवल अंदाज़े लगा कर काम करना) रमेश ने तो बग़ैर सोचे समझे ब्लू स्टार पर दांव लगा कर अंधेरे में तीर चला दिया था। कौन कह सकता था कि ब्लू स्टार रेस जीत जाएगा।
4. **अपने पांव पर कुल्हाड़ी मारना** (ऐसा काम जिससे अपना ही नुकसान हो) ऐसे हालात में नौकरी छोड़ कर उसने अपने पैर पर कुल्हाड़ी मारी है।
5. **अपने गरेबान में मुंह डालना** (आप अपनी गलती देखना) दूसरों की सौ गलतियां तो वह निकाल सकता है लेकिन अपने गरेबान में मुंह डालकर नहीं देखता।
6. **आग में घी डालना** (गुस्से को और भड़काना) एक तो रमेश प्रदीप को वैसे ही नापसंद करता था दूसरे प्रदीप ने उसके खिलाफ़ गवाही देकर आग में घी डाल दिया।
7. **आसमान से तारे तोड़ लाना** (असम्भव काम की इच्छा) सुरेश जिसके पास फूटी कोड़ी नहीं है, कह रहा है तीन दिन में एक करोड़ रुपए का बन्दोबस्त कर लेगा–मतलब यह कि वह आसमान से तारे तोड़ लाएगा।
8. **आसतीन में सांप पालना** (दुश्मन का पोषण करना) हमीद जैसे चार सौ बीस आदमी को अपनी कम्पनी में काम देकर वह आस्तीन में सांप पाल रहा है।
9. **ईंट का जवाब पत्थर से दना** (विरोध का कड़ा जवाब देना) धीरू ने मेरे ऊपर हमला कराया है। मैं ईंट का जबाव पत्थर से दूंगा...तुम देख लेना धीरू कल का सूरज नहीं देख पाएगा।
10. **उंगलियों पर नचाना** (किसी को पूरी तरह अपने काबू में कर लेना) अमित ने प्रेम का ऐसा नाटक रचा है कि सुधा को अपनी उंगलियों पर नचा रहा है। अमित जो चाहता है सुधा वैसा करती है।
11. **ऊंट के मुंह में ज़ीरा** (ज़रूरत ज्यादा की होना और बहुत कम मिलना) मुझे एक करोड़ चाहिए...तुम सिर्फ बीस लाख दे रहे हो ये तो ऊंट के मुंह ज़ीरा जैसा है।

12. **कान का कच्चा होना** (सुनी-सुनाई बात पर विश्वास करना) अमित कानों का कच्चा है जब ही तो उसने सुषमा के बारे में उड़ाई गई उल्टी-सीधी बातों पर विश्वास कर लिया है।
13. **खून का प्यासा** (मारकर बदला लेना)–मुक़द्दमा शुरू होते ही दोनों एक दूसरे के खून के प्यासे हो गए हैं। देखो कौन बचता है और कौन मरता है।
14. **घर फूंक तमाशा देखना** (अपना नुकसान करके मज़े उड़ाना) हर साल गर्मियों में यूरोप जाने के लिए वह अपनी ज़मीन का एक टुकड़ा बेच डालता है। मतलब घर फूंककर तमाशा देख रहा है।
15. **चादर देख कर पैर फैलाना** (हैसियत के अंदर काम करना) तुम्हारे पास इतना पैसा नहीं है कि दस करोड़ की विला खरीद सको। तुम तो चादर देख कर पैर फैलाओ। पचास-साठ लाख का कोई फ्लैट ले लो।
16. **चुल्लू भर पानी में डूब मरो** (इतना बुरा काम किया है कि शर्म करो) एक लड़की की जिन्दगी बर्बाद कर देने के बाद तो उमेश को चुल्लू भर पानी में डूब कर मर जाना चाहिए।
17. **जूतों दाल बंटना** (आपसी लेन-देन में झगड़ा-फसाद होना) पुश्तैनी घर के बंटवारे में तीनों भाईयों के बीच खूब झगड़ा हो रहा है मतलब जूतों में दाल बंट रही है।
18. **झाड़ू फेरना** (बने बनाए को बर्बाद करता) मैंने बड़ी मेहनत से पौधे लगाए थे। रमेश ने पौंधों में पानी नहीं दिया। सब सूख गए। मेरी मेहनत पर झाड़ू फिर गई।
19. **टका-सा जवाब देना** (साफ इन्कार कर देना) मैंने जब अपना पैसा मांगा तो उसने टका सा जवाब दे दिया कि मेरे पास कुछ नहीं है।
20. **तलवे चाटना** (बहुत खुशामद करना) अपना काम निकालने के लिए वह आदमी किसी के तलबे चाट सकता है।
21. **नानी याद आना** (बड़ी मुसीबत में पड़ना) चार लोगों ने जब रमेश की पिटाई शुरू की तो उसे नानी याद आने लगी।
22. **पत्थर की लकीर** (पक्की बात) उसने अगर वायदा किया है तो ज़रूर पूरा करेगा। उसकी बात पत्थर की लकीर होती है।
23. **पीठ में छुरा भोंकना** (विश्वासघात करना)–मेरे इतने अच्छे दोस्त ने मेरे खिलाफ गवाही देकर मेरे पीठ में छुरा भोंका है।
24. **बहती गंगा में हाथ धोना** (मौके का फायदा उठाना) अरे सभी के कर्ज माफ किए जा रहे हैं तुम भी बहती गंगा में हाथ धोलो...अपना कर्ज माफ करा लो।

प्रचलित लोकोक्तियां (कहावतें)

कुछ लोकप्रिय कहावतें और उनके अभिप्राय

1. **अंधा क्या मांगे दो आंखें** – जिस चीज की सबसे ज़्यादा ज़रूरत हो उसी को पाने की इच्छा।
2. **अन्धे को अंधेरे में बहुत दूर की सूझी** – अनजान होकर भी किसी विषय में बड़ी-बड़ी अव्यावहारिक बातें करना।
3. **अन्धे के हाथ बटेर लगी** – जो जिसके योग्य नहीं है, वह उसे मिला।
4. **अकल बड़ी कि भैंस** – बुद्धिमानी सबसे बड़ी ताकत है।
5. **अपनी-अपनी सब गाते हैं** – सब अपनी-अपनी तारीफ़ करते हैं।
6. **आंख का अंधा गांठ का पूरा** – जिसके पास पैसा बहुत है लेकिन बेवकूफ है।
7. **आम के आम गुठलियों के दाम** – किसी काम से दोहरा फायदा होना।
8. **एक अनार सौ बीमार** – एक चीज को अनेक प्राप्त करना चाहते हैं।
9. **एक मछली सारे तालाब को गंदा करती है** – एक बुरा आदमी बहुत लोगों को बुरा बना देता है।
10. **एक तो चोरी, दूसरे सीना ज़ोरी** – ग़लत काम करके हेकड़ी दिखाना।
11. **एक शेर मारता है तो सौ लोमड़ियां खाती हैं** – एक बड़े की कमाई से सैकड़ों फायदा उठाते हैं।
12. **एक ही थैली के चट्टे** – एक जैसे लोग।
13. **गरीबी में आटा गीला** – मुसीबत में और ज़्यादा परेशान हो जाना।
14. **कभी नाव गाड़ी पर तो कभी गाड़ी नाव पर** – अक्सर समय आने पर एक दूसरे पर आश्रित होना पड़ता है।
15. **कुत्ते की दुम कभी सीधी नहीं होती** – दुष्ट आदमी अपनी प्रकृति नहीं छोड़ता।
16. **कोयले की दलाली में हाथ काले** – बुरे कार्यों में थोड़ा-सी भागीदारी भी बदनाम करती है।
17. **ख़रबूज़े को देख कर खरबूज़ा रंग बदलता है** – एक आदमी का असर दूसरों पर पड़ता है।
18. **खाने के दांत और दिखाने के और** – जो दिखाई पड़ता है वह सच्चाई नहीं है। सच्चाई कहीं और होती है।
19. **खोदा पहाड़, निकली चुहिया** – बहुत कठिन मेहनत का बहुत छोटा नतीजा।
20. **गरीब की जोरू सबकी भौजाई** – कमजोर से सभी फायदा उठाते हैं।

21. **जो गरजते हैं, वो बरसते नहीं** – जो डींगे हांकते हैं, वे काम नहीं करते।

22. **गेंहू के साथ घुन भी पिसता है** – अपराधी के साथ निर्दोष को भी सज़ा मिलती है।

23. **घर की मुर्गी दाल बराबर** – आसानी से मिलने वाली कीमती चीज का भी कोई मूल्य नहीं होता।

24. **घर का भेदी लंका ढाय** – आपस के आदमी के मुखबिर हो जाने से मुसीबत आती है।

25. **घायल की गति घायल जाने** – दु:खी आदमी ही दूसरे आदमी का दु:ख समझ सकता है।

26. **घूरे के दिन भी फिरते हैं** – जिसकी उपेक्षा की जा रही है वह भी कभी अच्छी स्थिति में आ जाता है।

27. **घोड़ा घास से यारी करेगा तो खाएगा क्या** – जिस काम पर जो आश्रित है उसे नष्ट नहीं करता।

28. **चोर की दाढ़ी में तिनका** – अपराध का छोटा–मोटा प्रमाण अपराधी के पास से मिलता है।

29. **चित्त भी मेरी और पट भी मेरी** – हर तरह से अपना ही फायदा देखना।

30. **जंगल में मोर नाचा, किसने देखा** – एकांत में किए गए काम का कोई महत्त्व नहीं है।

31. **जल में रह कर, मगर से बैर** – पास रहने वाले बलवान से वैर करना।

32. **जान बची, लाखो पाए** – खतरनाक काम से मुक्ति पा जाना बड़ी दौलत है।

33. **टके की हांडी गई, कुत्ते की जाति पहचानी गई** – थोड़ा नुकसान उठाकर किसी आदमी की सच्चाई पता लगना।

34. **डूबते को तिनके का सहारा** – निराशा में थोड़ी-सी आशा।

35. **दूर के ढ़ोल सुहाने लगते हैं** – दूर से चीज़ें लुभावनी लगती हैं लेकिन सच्चाई कुछ और होती है।

36. **दबने पर चींटी भी काटती है** – कमजोर से कमजोर सताए जाने पर प्रतिरोध करता है।

37. **धोबी का कुत्ता न घर का न घाट का** – जिसकी कही उपयोगिता और आवश्यकता न हो।

38. **न रहेगा बांस, न बजेगी बांसुरी** – मूल ही नष्ट कर दिया गया तो उससे निकलने वाली वस्तु अपने आप नष्ट हो जाएगी।

39. **प्यासा कुएं के पास जाता है कुआं प्यासे के पास नहीं आता** – जिसकी ज़रूरत होती है वही आवश्यकता पूरी करने वाले के पास जाता है।

40. **मछली के बच्चे को तैरना कौन सिखाता है** – जातिगत स्वभाव अपने आप आ जाता है।

41. **रस्सी जल गई पर ऐंठन नहीं गई** – बुरी हालत हो जाने पर भी अकड़ बाकी रह जाना।

42. **रोज़ कुआं खोदना, रोज पानी पीना** – ज़रूरतों को तत्काल पूरा करते रहना।

43. **लातों के भूत बातों से नहीं मानते** – सख्ती करने से बात मानने वाले समझाने-बुझाने से बात नहीं मानते।

44. **लोहा लोहे को काटता है** – सख्ती को सख्ती से ही समाप्त किया जा सकता है।

45. **सांप भी मर जाए और लाठी भी न टूटे** – काम भी निकल जाए और कोई नुकसान भी नहीं हो।

संवाद, ध्वनि प्रभाव और आंगिक भाषा

संवाद के साथ कुछ अतिरिक्त ध्वनियां संवाद को अधिक प्रभावशाली बनाती है।

संवाद को अधिक प्रभावशाली बनाने वाली ध्वनियां प्राकृतिक या 'मैकेनिकल' ध्वनि हो सकती है।

अभिनेता शब्दों के उच्चारण को नये आयाम और अर्थ देने की क्षमता रखते हैं। वे एक ही शब्द कई तरह से उच्चारित करके नये-नये अर्थ और भाव सम्प्रेषित कर सकते हैं। लेकिन इसके साथ ही साथ संवाद के साथ कुछ अतिरिक्त ध्वनियां भी संवाद को अधिक प्रभावशाली और अर्थपूर्ण बनाती हैं। ध्वनियां प्राकृतिक या यांत्रिक मैकेनिकल हो सकती हैं। उदाहरण चिड़ियों का चहचहाना, शेर का दहाड़ना, बिल्ली का बोलना, कुत्ते का भौंकना, आंधी-तूफान की आवाज, बारिश की ध्वनि, बिजली का कड़कना, बादल का गरजना, झरने की आवाज आदि प्राकृतिक आवाजों को संवाद के साथ जोड़ने से संवाद का अर्थ अधिक प्रभावशाली हो जाता है या संवाद में व्यक्त भावनाएं तीव्र हो जाती हैं। संवाद लेखक इन ध्वनियों का उचित और सटीक प्रयोग करता है। प्रत्येक ध्वनि के संदर्भ और भाव को जानकर ही उनका प्रयोग करना चाहिए।

प्राकृतिक ध्वनियों के अतिरिक्त यांत्रिक ध्वनियों को भी संवाद के साथ समाहित किया जा सकता है। यांत्रिक ध्वनियों से तात्पर्य मशीनों, कल-कारखानों आदि की आवाजों से है। मिल के सायरन की आवाज और रेलगाड़ी के इंजन की सीटी का प्रयोग फिल्मों में बड़े स्तर पर किया गया है। घण्टी की आवाज, घड़ी चलने की आवाज, दरवाजा बंद होने की आवाज आदि

ऐसी बहुत-सी आवाजे हैं जिनको संवाद के साथ जोड़ा जा सकता है।

आंगिक भाषा

आंगिक भाषा शब्दविहीन सम्प्रेषण का माध्यम है जो शरीर और चेहरे की गति से सम्पन्न होता है।

आंगिक भाषा एक विकसित ज्ञान है। अभिनय में आंगिक भाषा का विशेष महत्त्व होता है और प्रमुख रूप से यह अभिनय का ही विषय है लेकिन पटकथाकार को इसका ज्ञान होना आवश्यक है।

आंगिक भाषा शब्दविहीन सम्प्रेषण का माध्यम है जो शरीर के विभिन्न अंगों, चेहरे के भावों तथा आंखों की गति से किया जाता है। कहा जाता है कि मनुष्य के सम्प्रेषण में आंगिक भाषा की हिस्सेदारी पचास प्रतिशत से अधिक होती है। आंगिक भाषा से पात्र की मनोदशा, उसका संभावित व्यवहार, प्रतिक्रियाएं और जिज्ञासाएं सामने आती हैं। पात्र की भावनाओं को आंगिक भाषा प्रभावशाली बनाती है। आंगिक भाषा प्रायः उंगलियों, सिर के हिलाने, हाथों की गति से उत्पन्न होती है। आंखों, होंठों, जबड़ों तथा चेहरे की मांसपेशियों को गति देने से भी आंगिक भाषा बनती है।

फिल्म तथा टी.वी. में आंगिक भाषा का महत्त्व लगातार बढ़ रहा है।

संवाद लेखक के लिए आंगिक भाषा का ज्ञान आवश्यक है क्योंकि वाक्य के सम्प्रेषणीयता को आंगिक भाषा अधिक प्रभावशाली बनाती है। प्रायः लेखक संवाद लिखने से पहले पात्रों के लिए आंगिक भाषा का सुझाव देते हैं। जैसे उसने हंस कर कहा या उसने हवा में मुक्का चलाते हुए कहा या उसने सिर हिलाया या उसने दोनों हाथ सीने पर रख लिये या उसने हाथ से माथा छुआ और बोला। इस प्रकार के आंगिक निर्देश देने की प्रथा पुरानी है। फिल्म या टी.वी. धारावाहिक आदि कथात्मक कार्यक्रमों की पटकथा में अब आंगिक भाषा और अधिक महत्त्वपूर्ण

कभी-कभी संवाद का उत्तर आंगिक भाषा से दिया जाता है।

हो गई है क्योंकि 'रिएक्शन शॉट्स' की संख्या बढ़ गई है। प्रतिक्रियाएं व्यक्त करने के लिए आंगिक भाषा बहुत उपयोगी सिद्ध होती है।

आंगिक भाषा सम्प्रेषण को सरल बनाने का काम करती है और संवादों में स्वाभाविकता उत्पन्न होती है। उदाहरण के लिए किसी प्रेम दृश्य यदि नायक-नायिका से कहता है कि जब तुम मेरे पास नहीं होतीं तब भी पास ही लगती हो। और इसके उत्तर में नायिका खुशी से हंस देती है तो संवाद पूरा हो जाता है अर्थात शब्द संवाद का उत्तर आंगिक संवाद में मिल जाता है।

संवाद के दौरान किसी पात्र का कान छूना, ठोड़ी खुजाना या दूसरे पात्र की आंखों में न देखना निश्चित भाव और संदेश सम्प्रेषित करते हैं। पात्रों के निकट या दूर खड़े होने से उनके संबंध स्थापित होते हैं।

जैसा कि पहले कहा गया है आंगिक भाषा मुख्य रूप से अभिनय का अभिन्न हिस्सा है, पर इस संबंध में पटकथाकार की जानकारी उसे अधिक सक्षम बना देती है।

पटकथा

पिछले अध्यायों में कहानी को विकसित करने की पद्धति पर बात की गई है। संवाद लेखन के विभिन्न पक्षों की चर्चा की गई है। लोकेशन और टाइम के अनुसार स्क्रीन प्ले तैयार करने पर प्रकाश डाला गया है। स्क्रीन प्ले तैयार हो जाने के बाद जो सीन बनते हैं उनके आधार पर पटकथा तैयार की जाती है। पटकथा में सीन संबंधी सभी जानकारियां जैसे लोकेशन, टाइम, कैरेक्टर, स्पेशल प्रापर्टी और सीन का संक्षिप्त विवरण देने के बाद पात्रों के डायलॉग (संवाद) लिखे जाते हैं। सीन लिखने से पहले जिस प्रकार की तैयारी आवश्यक है उसकी चर्चा भी पिछले अध्याय में की गई है।

पटकथा यूनिट में काम करने वाले सभी कलाकारों और तकनीकी टीम को दिशा-निर्देश देती है। इस कारण प्राय: सीन संबंधी जानकारियां तथा सीन का विवरण अंग्रेजी भाषा में लिखे जाने की प्रथा है। डॉयलाग (संवाद) नागरी लिपि या रोमन लिपि में लिखे जाते हैं।

नोट : पटकथा लेखन में प्रत्येक सीन अलग पृष्ठ पर लिखा जाता है। प्राय: एक पृष्ठ पर दो सीन लिखने का प्रचलन नहीं है।

'सरगम' कहानी के पांच सीन आगे दिये जा रहे हैं।

सीन-1

लोकेशन–आउटडोर (छतर मंजिल) **टाइम**–रात

पात्र–वली खां, कहार, सिपाही

स्पे. प्रापर्टी–पालकी

विवरण–(लांग शॉट में छतर मंजिल रात में जगमगा रही है। कैमरा जूम इन करता है। छतर मंजिल के मुख्य गेट पर सिपाही खड़े हैं। दूर से एक पालकी आती दिखाई देती है। पालकी धीरे-धीरे आती गेट के सामने रुक जाती है। गेट पर तैनात सिपाही आगे हैं और कहार से पूछता है।)

सिपाही-1

–पालकी में कौन जा रहा है?

(पालकी का पर्दा हटता है। वली खां सिपाही को देखते हैं।)

वली खां

(सिपाही से)

–तुम पहली बार इधर तैनात हुए हो क्या?

(दूसरा सिपाही आता है)

सिपाही-2

–आदाब बजा लाता हूं हुजूर!

वली खां

(पर्दा गिरा कर कहारों से)

–चलो, आगे बढ़ो।

(पालकी बढ़ जाती है।)

सिपाही-2

–तुमने पालकी नहीं पहचानी थी?

सिपाही-1

–कौन थे...मैंने तो पहली बार ही देखा है।

सिपाही-2

–अच्छी तरह पहचान लो...उस्ताद वली खां हैं। बादशाह सलामत के गायक हैं...एक आद दिन की बात नहीं है...रोज आते हैं।

सीन-2

लोकेशन–इनडोर

टाइम–रात

कैरेक्टर–वली खां गफूर मियां (चोबदार) तथा अन्य

स्पे. प्रापर्टी–पालकी

विवरण–(पालकी रुकती है। वली खां उतरते हैं। चोबदार आगे बढ़ता है और सलाम करता है।)

चोबदार

–आदाब बजा लाता हूं हुजूर

वली खां

–आदाब...कैसे हो ग़फ़ूर मियां।

ग़फ़ूर मियां

–हुजूर, करम है आप लोगों का...

वली खां

–किबल-ए-आलम के मिज़ाज कैसे हैं?

ग़फ़ूर मियां

–सरकार अच्छे हैं।

वली खां

–अंदर कौन-कौन है?

ग़फ़ूर मियां

–वज़ीरे आज़म...हज़रत आगा मीर तशरीफ़ रखते हैं। मिर्जा तरहदार, सरफराज हुसैन और मीरजान साहबान भी हैं।

(वली खां आगे बढ़ जाते हैं)

सीन-3

लोकेशन–इनडोर (छतर मंजिल का कॉ रीडोर)

टाइम–रात

कैरेक्टर–वली खां

स्पे. प्रापर्टी–...

विवरण–कॉरीडोर में शाही सजावट है। कीमती संगेमरमर की मूर्तियां लगी है। झाड़-फानूस लगे हैं। वली खां इनके बीच से गुजरते मुख्य दरवाजे पर पहुंचते हैं और जूते उतार देते हैं।

सीन-4

लोकेशन–इनडोर (छतर मंजिल दरबार हाल)

टाइम–रात

कैरेक्टर–गाजीउद्दीन हैदर, आग़ा मीरवली खां, मिर्जा तरहदार, सरफराज हुसैन, मीरजान तथा अन्य।

स्पे. प्रापर्टी–

विवरण–तख्त पर बादशाह बैठे हैं। दोनों तरफ खड़े नौकर हवा कर रहे हैं। आग़ा मीर हाथ जोड़े खड़े हैं। दूसरी तरफ मिर्जा तरहदार, सरफराज हुसैन और मीरजान बैठे हैं। वली खां अंदर आते हैं और बादशाह को तीन बार झुक कर सलाम करते हैं।

गाजीउद्दीन हैदर

–आओ वली...आओ...आज कोई ऐसा राग सुनाओ कि दरो-दीवार बोलने लगे।

मीरजान

–वाह! जहांपनाह...वाह...सदके जाऊं हुजूर... क्या बात कही सरकार ने...दीवारें बोलने लगें...।

मिर्जा तरहदार

–हुजूर बोलते हैं तो लगता है फूल झड़ रहे हैं...और...

गाजीउद्दीन हैदर

(बात काट कर)

–बोलो क्या सुनाओगे?

वली खां

–जो हुक्म करें किबल-ए-आलम

गाजीउद्दीन हैदर

–तुम बताओ आग़मीर

आगामीर

–राग भैरवी में ख़याल सुना जाये हुजूर...

गाजीउद्दीन

(गरजकर)

—हमारा जाम कहां है आगामीर...

आगामीर

(जल्दी से उठकर)

—हाजिर है सरकार

(नौकर जाम लेकर आता है। बादशाह पीते हैं)

गाजीउद्दीन हैदर

—हां...शुरू करो...अलाप जरा लम्बा लेना

वली खां

—जी बन्दा परवर...

(वली खां गाने लगते हैं। सब सुनते हैं। बादशाह झूमने लगते हैं। उनकी देखा-देखी सभी झूसने लगते हैं। वली खां गाना बंद करते हैं। कुछ देर तक बादशाह सकते की हालत में बैठे रहते हैं। फिर अचानक चिल्ला कर कहते हैं।)

गाजीउद्दीन हैदर

—सुभानल्लाह

(गले में पड़ा हार उतारकर वली खां की तरफ फेंक देते हैं। वली खां उठकर सलाम करते हैं)

आग़ामीर

—मरहबा

सरफराज हुसैन

—जादू करते हैं उस्ताद जादू

मिर्जा तरहदार

—लगता है खंजर सीने में उतर गया हो...

मीरजान

—मैं तो आलमे सुरूर में गुम हो गया था सरकार

गाजीउद्दीन हैदर

–वली...माबदौलत को तुम पर नाज़ है... (वली खां झुक कर सलाम करते हैं)

–आग़ा मीर...

आग़ा मीर

–जां निसार हाजिर है सरकार...

गाजीउद्दीन हैदर

–वली खां से बड़ा गायक है कोई अवध में!

आगामीर

–नहीं हुई हुजूर...अवध क्या हिन्दोस्तान में नहीं है...इनसे बड़ा गायक।

मीर जान

–हुजूर, अगले वक्तो में तानसेन थे...और और आजकल सरकार

गाजीउद्दीन हैदर

(बात काट कर)

–वली...तुम बताओ।

वली खां

–क्या किबल-ए-आलम...

गाजीउद्दीन हैदर

–तुमने बड़ा गायक भी कोई है?

(वली खां सोच में डूब जाते हैं...चुप हो जाते हैं)

गाजीउद्दीन हैदर

–बोलो वली

(वली खां चुप रहते हैं। गाजीउद्दीन हैदर चीखकर कहते हैं)

–हुक्म की तामील हो...वली, बोलो...

वली खां

(घबराकर कांपती आवाज में)

–हुजूरे...मुझसे बड़ा...गायक है...लखनऊ में...

गाजीउद्दीन हैदर

(चीखकर)

–क्या कहा? तुमने बड़ा गायक है?

वली खां

–जी सरकार

गाजीउद्दीन हैदर

–कौन है वो? बताओ?

वली खां

–सिड़े हैदरी खां

गाजीउद्दीन हैदर

–सिड़े हेदरी खां...वो कौन है?

वली खां

–गायक हैं हुजूर

गाजीउद्दीन हैदर

–तुमसे बड़ा गायक है!

वली खां

–जी...जी...जी हां हुजूर...

गाजीउद्दीन हैदर

(चीखकर)

–तुमसे बड़ा लखनऊ में है...और हमने आज तक उसे नहीं सुना...आगामीर

आगामीर

–फिदवी हाज़िर है

गाजीउद्दीन हैदर

–इतनी बड़ी गलती के लिए तुम्हें क्या सज़ा दी जाए?

आगामीर

–सरकार जो चाहे...जान हाजिर है।

गाजीउद्दीन हैदर

(वली खां से)

–कौन है ये सिड़े हैदरी खां...कहां रहता है?

वली खां

–सरकार वो गोलागंज में रहते हैं

गाजीउद्दीन हैदर

–तुम यकीन के साथ कह सकते हें कि वो तुमसे अच्छा गायक है।

वली खां

–जी हुजूर

गाजीउद्दीन हैदर

कैसे

वली खां

–हैदरी खां की आवाज के पर्दे में वो (उंगली से आसमान की तरफ इशारा) बोलता है...हुजूर...उनको सुनकर वज्दानी कैफियत पैदा हो जाती है...

गाजीउद्दीन हैदर

आगामीर...इसी वक्त उन्हें...हाज़िर किया जाये...फौरन...

वली खां

हुजूर...हैदरी खां मिलते कहां हैं?

गाजीउद्दीन हैदर

–क्या मतलब है?

वली खां

–सरकार हैदरी खां मस्तमौला किस्म के आदमी हैं...रमता जोगी और बहता पानी...आज यहां तो कल वहां...

गाजीउद्दीन हैदर

(बात काट कर)

–हम कुछ नहीं सुनना चाहते...आग़ा मीर हुक्म की तामील की जाये...

आग़ा मीर

–बेशक हुजूर...अभी सिड़े हैदरी खां को हाज़िर किया जाएगा।

सीन-5

लोकेशन–आउटडोर (गली में हैदरी खां के घर के सामने)

टाइम–रात

कैरेक्टर–दरोगा, अज़ीमन, सिपाही

स्पे. प्रापर्टी–मशालें

डिस्क्रिप्शन–लखनऊ की एक गली में कुछ मशालची चल रहे हैं। उनके पीछे एक घोड़े पर शाही दरोगा सवार है। पीछे दस सिपाही हैं। ये जुलूस गली में एक मकान के सामने रुक जाता है। घोड़े पर बैठा दरोगा घर की कुंडी खटखटाता है। जोर की आवाज सन्नाटे में गूंज जाती हैं। दरोगा फिर जंजीर बजाता है। दरवाजा खुलता है। हाथ में चिराग लिए अज़ीमन खड़ी है।

दरोगा

–ये हैदरी खां का मकान है?

अज़ीमन

–हां, यही है।

दरोगा

–उनको जल्दी भेजो...शाही दरबार में तलबी है

अज़ीमन

–खान साहब तो घर में नहीं है।

दरोगा

–कहां गये हैं?

अज़ीमन

–अरे हमका बता के तो जाते नहीं...का मालुम कहां गये हैं...उनका कौनो एक ठिकाना तो है नहीं।

दरोगा

–बुढ़िया बहुत जबान न चला...ठीक ठीक जवाब दे हैदरी खां कहां हैं?

अज़ीमन

–हम बतावा तो...हमें नहीं मालूम?

दरोगा

–कब आएंगे?

अज़ीमन

–हमका नहीं मालुम...

दरोगा

–झूठ न बोल बुढ़िया...शाही हुक्म है...जेल चली जाएगी।

अज़ीमन

–अल्ला कसम हम झूठ नहीं बोलतीं।

दरोगा

–देखो हैदरी खां जहां भी हो उनको फौरन वापस बुलवा लो...उन्हें दरबार में हाज़िर होना है...जल्दी से जल्दी...ये शाही हुक्म है।

अज़ीमन

–अब हम का बताई...

(दरोगा जाने के लिए मुड़ जाता है। अज़ीमन दरवाजे पर खड़ी रहती है)

सिनेमा की भाषा

मूवी कैमरे द्वारा छायांकन की कला और तकनीक के विकास के साथ-साथ विजुअल भाषा का भी विकास हुआ है। विजुअल भाषा पर बात करनी से पहले फिल्म की सबसे छोटी इकाई फ्रेम पर बात करना पड़ेगी।

फिल्म सेलोलाइट की स्ट्रिप रोल पर शूट की जाती है। इस फिल्म स्ट्रिप को प्रोसेसिंग द्वारा नेगेटिव और फिर उसका पाज़ेटिव बनाया जाता है। प्रदर्शन के लिए फिल्म रोल जब प्रोजेक्टर के माध्यम से चलाया जाता है तो गतिशील तस्वीर (मूविंग इमेजिज़) सामने दिखाई पड़ती हैं। फिल्म स्ट्रिप के रोल को एक विशेष गति से चलाने पर अलग-अलग खानों में खींचे गये चित्र गतिशील लगते हैं। फिल्म स्ट्रिप पर बने ख़ाने के फ्रेम कहते हैं।

फ्रेम : फिल्म स्ट्रिप पर बने खाने को फ्रेम कहते हैं। एक फिल्म स्ट्रिप में लाखों फ्रेम होते हैं। 35 mm के फिल्म फारमैट में फ्रेम का साइज (22 × 16 mm) होता है।

मोशन पिक्चर में 'फ्रेम' चित्र का सबसे छोटा अंश होता है। आमतौर पर एक सेकेण्ड की फिल्म के लिए चौबीस फ्रेम चाहिए होते हैं।

फ्रेम शब्द का प्रयोग फ्रेम में दिखाई देने वाले दृश्य के लिए भी किया जाता है। कैमरे के 'व्यू फाइंडर' से जो चित्र दिखाई देता है वही चित्र फ्रेम में आता है।

शॉट : मूवी कैमरे को ऑन करने के बाद छायांकन शुरु हो जाता है। जब कैमरे को ऑफ किया जाता है तो छायांकन समाप्त हो जाता है। इस बीच जो छायांकन होता है उसे एक शॉट कहा जाता है। फिल्म में लाखों शॉट्स होते हैं।

कट : मूवी कैमरा ऑन करके छायांकन प्रारंभ होता है। कैमरे को बंद करने के लिए कट शब्द का प्रयोग किया जाता है।

फिल्म या टी.वी. पर कभी कोई वस्तु बहुत निकट दिखाई देती है और कभी वही वस्तु बहुत दूर दिखाई देती है। कभी किसी बड़ी श्रृंखला को दाहिने से बायें तरफ से

देखते हैं। कभी कोई ऊंची इमारत क्रमशः नीचे से ऊपर तक पर्दे पर दिखाई पड़ती है।

फिल्म और टी.वी. स्क्रीन विभिन्न आकारों तथा विभिन्न प्रकार के दृश्यों को प्रस्तुत करने के लिए विशेष कैमरा तकनीकों का प्रयोग किया जाता है।

(क) कुछ लेंस कैमरे के अंदर लगे होते हैं जो दूरबीन जैसा काम करते हैं। दूरबीन के माध्यम से केवल दूर की वस्तु पास नज़र आती हैं लेकिन कैमरे के लेंसों में यह क्षमता होती है कि दूर की चीज़ पास और पास की दूर दिखाई पड़ सकती है। कैमरे के लेंसों को इस तरह सेट किया जा सकता है कि अभिनेता का पर्दे पर केवल चेहरा ही नज़र आये या अभिनेता की कमर तक का हिस्सा दिखाई दे या पूरा अभिनेता दिखाई दे या वह बहुत दूर खड़ा दिखाई दे।

(ख) कैमरा जिन तीन पायों खड़ा किया जाता है वह ट्राइपॉड कहलाता है। कैमरे और ट्राईपॉड का जोड़ लचीला होता है। इस कारण कैमरे को दाहिने से बायें या बायें से दाहिनी तरफ घुमाया जा सकता है। इस तरह कैमरे को घुमाते हुए भी छायांकन किया जा सकता है। जिस तरह ट्राइपॉड पर कैमरा दाहिने बायें घूम सकता है उसी तरह कैमरा ट्राइपॉड पर नीचे से ऊपर या ऊपर से नीचे हो सकता है और गति की स्थिति में भी शूटिंग की जा सकती है।

(ग) कैमरे को अन्य गतिशील वस्तुओं पर भी रखा जा सकता है। उदाहरण के लिए कैमरे को ट्राली पर रख कर चलाया जाता है। और कैमरे से छायांकन किया जाता है। आवश्यकतानुसार कैमरे को कार, क्रेन हेलीकॉप्टर, हवाई जहाज़ पर रख कर भी शूटिंग की जाती है। इस प्रकार शूटिंग से जो परिणाम सामने आते हैं वे शॉट विशेष रूप से व्यापकता और गति को दर्शाते हैं।

ऊपर बताया गया है कि मूवी कैमरे को प्रायः तीन प्रकार से गति दी जा सकती है और गतिशील कैमरे से छायांकन किया जा सकता। मूवी कैमरे को गतियां देकर किया गया छायांकन सिनेमा के पर्दे पर व्यक्ति, वस्तु (आब्जेक्ट) को अलग-अलग रूपों में प्रस्तुत करता है। सिनेमा या टी.वी. स्क्रीन पर जिस तरह का चित्र दिखाई देता है उसे एक विशेष नाम दिया गया है। जैसे यदि पूरे पर्दे पर केवल आदमी का चेहरा ही दिखाई पड़ता है तो ऐसे शॉट को 'क्लोज़अप' कहा जाता है। यदि पर्दे या स्क्रीन पर दूर पहाड़ों की शृंखला दिखाई देती है तो उसे लाँग शॉट कहा जाता है।

विभिन्न प्रकार के शॉट विभिन्न प्रकार का प्रभाव उत्पन्न करते हैं और निर्देशक आवश्यकतानुसार उनका प्रयोग करता है। कुछ प्रचलित शॉटस के बारे में पटकथा लेखक की जानकारी आवश्यक है।

1. क्लोज़ अप (Close up)

सिनेमा या टी.वी. के पर्दे पर जब पात्र का केवल चेहरा और गर्दन देखाई देता है या पूरे पर्दे पर केवल एक वस्तु ही दिखाई पड़ती है तो उसे क्लोज़अप शॉट कहते हैं।

2. एक्सट्रीम क्लोज़ अप (Extream Close up)

इस शॉट में पूरे पर्दे पर पात्र विशेष की केवल आंखें या होंठ दिखाई पड़ते हैं या फूल की केवल पंखड़ी और उस पर पड़ी ओस की बूंद दिखाई पड़ती है।

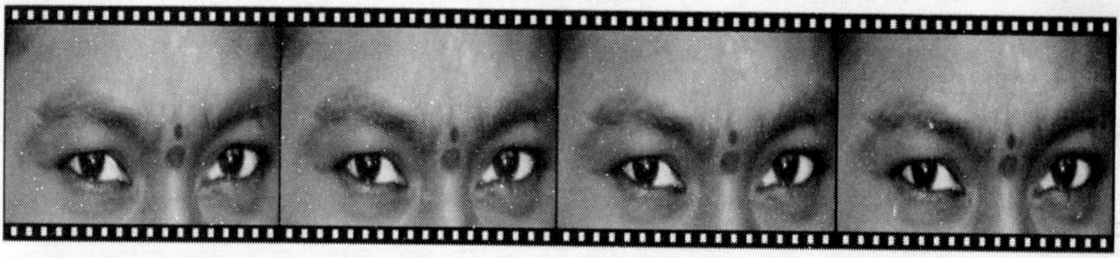

क्लोज़अप शॉटस् का प्रयोग पात्रों के मनोभावों को दर्शाने के लिए किया जाता है। पूरे पर्दे पर चेहरा, आंखें या होंठ अच्छी तरह से भावनाओं के सम्प्रेषित कर सकते हैं। अभिनेता को यह जानकारी दे दी जाती है कि क्लोज़ शॉट लिया जा रहा है। अभिनेता आंखों या होंठ या चेहरे से अपेक्षित संवेदना को व्यक्त करता है। क्लोज़ शॉटस का प्रयोग वस्तु को बहुत नजदीक से दिखा कर उसे महत्व देने या रेखांकित करने के लिए भी किया जाता है। क्लोज़अप शॉट्स में परिवेश चित्रित नहीं होता इसलिए सारा ध्यान पर्दे पर दिखाये जाने वाले चित्र पर केन्द्रित हो जाता है।

लांग शॉट: स्क्रीन पर व्यक्ति या वस्तु दूर दिखाई पड़ते हैं और परिवेश (बैकग्राउंड) को देखा, पहचाना जा सकता है।

मीडियम लांग शॉट : स्क्रीन पर व्यक्ति या वस्तु दिखाई पड़ता है परंतु परिवेश उतना नहीं दिखाई पड़ता जितना लांग शॉट में दिखाई पड़ता है। देखें चित्र–

इक्सट्रीम लांग शॉट : स्क्रीन पर व्यक्ति या वस्तु बहुत छोटा दिखाई पड़ता है और परिवेश पूरी तरह, व्यापक और बड़े रूप में नज़र आता है।

लांग शॉट का प्रयोग प्रायः पात्र और परिवेश को एक साथ चित्रित करने के लिए किया जाता है। कहीं–कहीं केवल परिवेश को बहुत कलात्मक ढंग से चित्रित करने तथा कलात्मक प्रभाव उत्पन्न करने के लिए भी लांग शॉट का प्रयोग किया जाता है। लांग शॉट्स का प्रयोग प्रायः फिल्मों में अधिक और टेलीविजन में कम होता है क्योंकि टेलीविजन के छोटे पेर्दे पर उसका विशेष प्रभाव नहीं पड़ता।

ज़ूम इन शॉट : पर्दे पर दूर दिखाई देने वाला व्यक्ति या वस्तु धीरे-धीरे पास आ जाती है।

ज़ूम आउट : पर्दे का करीब दिखाई देने वाला व्यक्ति या वस्तु धीरे-धीरे दूर चला जाता है।

जूम शॉटस् का प्रयोग 'विजुअल ड्रामा' उत्पन्न करते हैं तथा परिवेश और पात्र को एक साथ चित्रित करने के लिए किया जाता है।

फेड इन : पर्दे का दिखाई देने वाला चित्र धीरे-धीरे धुंधला होने लगता है और फिर समाप्त हो जाता है।

फेड आउट : पर्दे पर दिखाई देने वाला धुंधला चित्र धीरे-धीरे स्पष्ट होने लगता है और साफ़ दिखाई पड़ने लगता है।

वाइप : पर्दे पर जो चित्र दिखाई पड़ता है वह एक कोने या एक ओर से साफ होने लगता है और उसके बाद दूसरा चित्र उभरता है।

इन शॉटस् का प्रयोग थोड़ा अंतराल देने के लिए किया जाता है।

फ्लैश बैक : अतीत में घटी किसी घटना को दिखाने के लिए "फ्लैश बैक'' का प्रयोग किया जाता है। किसी पात्र का क्लोज़अप शॉट स्टिल (गतिहीन) हो जाता है और उस पर कुछ तरंगें या तरंगों का चक्र-सा उठता दिखाई पड़ता है। इसके बाद अतीत में घटी घटना का प्रसंग शुरू हो जाता है।

फ्लैश फॉरवर्ड : फ्लैश बैक के बिल्कुल विपरीत अर्थात भविष्य में होने की कामना को "फ्लैश फारवर्ड के माध्यम से चित्रित किया जाता है। यह क्लोज़अप से शुरू होता है और फिर तुरंत भविष्य में पहुंच जाता है। पर्दे पर वह सब दिखाई देता है जिसकी कामना पात्र कर रहा है।

स्लो मोशन : फिल्म दिखाये जाने की सामान्य गति अर्थात एक सेकेंड में 24 फ्रेम दिखाये जाने के बजाये यह गति कम कर दी जाती है और पर्दे पर पात्रों, वस्तुओं की गति धीमी हो जाती है।

स्लो मोशन शॉट्स का प्रयोग भी नाटकीयता तथा घटना पर विशेष बल देने के लिए किया जाता है।

डिज़ाल्व इन-टू : पर्दे पर एक बिम्ब धीरे-धीरे अस्पष्ट होता है और दूसरा बिम्ब उभरने लगता है। कुछ क्षण बाद दूसरा बिम्ब पूरी तरह साफ हो जाता है और पहला बिम्ब ग़ायब हो जाता है।

मोनताज : लम्बे समय में घटने वाली घटनाओं को संक्षेप में प्रस्तुत करने के लिए मोनताज की सहायता ली जाती है। उदाहरण के लिए किसी बच्चे के जवान होने तक का लम्बा समय मोनताज द्वारा पन्द्रह सेकेंड में दर्शाया जा सकता है। मोनताज बनाने के लिए अलग-अलग अवस्थाओं के क्रमिक विकास दर्शाते शॉटस् एक-दूसरे में डिजाल्व किए जाते हैं और पूरा काल खंड सामने आ जाता है। उदाहरण के लिए दो-तीन साल के बच्चे के खेलने का एक शॉट स्कूल जाते लड़के के शॉटस् में डिजाल्व किया जाता है और फिर यह शॉट कालेज में डिग्री लेते युवक के शॉट में डिजाल्व होता है। उसके बाद यह शॉट उसी युवक को किसी आफिस में काम करते शॉट में डिज़ाल्व होता है। इस तरह लम्बा कालखंड चित्रित हो जाता है।

रिएक्शन शॉट

दो पात्रों की बातचीत के दौरान एक पात्र क्लोज़अप शॉट में आता है और दूसरे की कही गयी बात पर अपनी प्रतिक्रिया व्यक्त करता है।

पी.ओ.वी. शॉट

किसी गतिविधि को दो पात्र एक साथ देख रहे हैं। पर उस गतिविधि के बारे में एक पात्र का अपना अलग दृष्टिकोण है। पात्र का अलग दृष्टिकोण स्थापित करने के लिए जो शॉट लिया जाता है उसे पी.ओ.वी. शॉट कहते हैं।

पैनशॉट

कैमरे को ट्राइपाड पर दाहिने से बायें या बायें से दाहिने घुमाते हुए जो शॉट लिया जाता है उसे पैन शॉट कहते हैं। पैन शॉट फैले हुए विस्तार को सामने लाता है।

टिल्ट अप शॉट

कैमरों को ट्राइपाड पर नीचे से ऊपर की ओर ले जाते हुए जो शॉट लेते हैं उसे टिल्ट अप शॉट कहते हैं।

टिल्ट डाउन शॉट

कैमरे को ऊपर से नीचे ले जाते हुए जो शॉट लिया जाता है उसे टिल्ट डाउन शॉट करते हैं।

ये दोनों शॉट ऊंचाई या गहराई को दर्शाते हैं। कभी-कभी पात्र को नाटकीय और प्रभावशाली ढंग से चित्रित करने के लिए भी टिल्ट अप शॉट का प्रयोग करते हैं।

ट्रॉलीशॉट

कैमरे को ट्राली पर रख कर पटरियों पर चलाते हुए जो शॉट लिए जाते हैं उन्हें ट्राली शॉट कहते हैं। ट्रॉली शॉट्स गति का एक कलात्मक प्रभाव उत्पन्न करते हैं। कभी-कभी यह ट्राली गोलाई में भी घूमती है और बीच में अभिनय करते पात्रों को एक साथ पीछे और सामने से छायांकित किया जाता है।

क्रेन शॉट

कैमरे को क्रेन पर रख कर शॉट लेना बहुत प्रचलित है। कैमरा क्रेन के साथ ऊपर, नीचे दाहिने, बायें आ जा सकता है। इस तरह जो शॉट लिए जाते हैं, वे ऊंचाई से पात्रों, घटनाओं का नाटकीय चित्र प्रस्तुत करते हैं। और इस तरह एक अनूठा, प्रभावशाली विजुअल सामने आता है।

ओ.टी.एस. (ओवर द शोल्डर शॉट)

दो पात्रों के आमने-सामने खड़े होकर एक दूसरे से बात करने का ऐसा शॉट जिसमें एक आदमी के कंधे का एक हिस्सा और दूसरे आदमी का चेहरा दिखाई पड़ता है।

ज़िमीज़िम शॉट

एक विशेष प्रकार की क्रेन और कम्प्युटर से ज़िमीज़िम शॉट लिया जाता है। यह आजकल बहुत लोकप्रिय शॉट है। ये शॉट लेने के लिए कैमरे को क्रेन के सबसे अगले हिस्से में लगा दिया जाता है। कैमेरे को कम्प्यूटर के माध्यम से चलाया जाता है। क्रेन किसी भी दिशा में और ऊपर-नीचे, दाहिने-बायें आ जा सकती है। कैमरे की सभी गतियां और छायांकन कम्प्यूटर द्वारा संचालित होता है।

हैण्ड हैल्ड शॉट

कैमरा 'ट्राइपाड' पर रखने के बजाय कैमरामैन कैमरे को अपने कंधे पर रख कर या हाथों में लेकर जो शॉट लेते हैं उन्हें हैंड हेल्ड शॉट कहा जाता है।

फालो शॉट

हैंड हेल्ड कैमरे से कैमरामैन किसी अभिनेता के आगे या पीछे चलते हुए जो शॉट लेता है उसे फालो शॉट कहा जाता है।

एरियल शॉट

बहुत व्यापक परिदृश्य को चित्रित करने के लिए कैमरे को हेलीकोप्टर या हवाई जहाज पर रख कर शूटिंग की जाती है। अपार भीड़ और उसकी गतिविधियां, फैला हुआ पूरा शहर, विशाल जंगलों और पर्वतों की श्रृंखला का छायांकन करने के लिए इन शॉटस् का प्रयोग किया जाता हैं

स्टाक शॉटस् / लायब्रेरी शॉट्स

फिल्म या टी.वी. सीरियल में कुछ ऐतिहासिक घटनाओं को दिखाने के लिए स्टाक शॉटस्/ लायब्रेरी शॉटस् का प्रयोग किया जाता है। उदाहरण के लिए यदि महात्मा गांधी की शव यात्रा किसी फिल्म में दिखाई जाती है तो उसके स्टाक शॉट लेकर फिल्म में डाले जाते हैं।

स्टैब्लिशिंग शॉट (Establishing shot)

दृश्य को शुरू करने के लिए इस शॉट का प्रयोग किया जाता है। दृश्य में काम करने वाले अभिनेता तथा परिवेश स्थापित किया जाता है। उदाहरण के लिए यदि रेलवे स्टेशन का सीन है जिसमें दो पात्र हैं। तो पहला शॉट ऐसा लिया जायेगा जिसमें रेलवे स्टेशन और दोनों पात्र एक साथ आ जायें। इसके बाद निर्देशक 'क्लोज़अप' और मीडिया शॉट्स जैसे अन्य शॉट्स में भी काम कर सकता है।

नोट : *ऊपर दिये गये चित्र वास्तविक शॉट नहीं है। केवल चित्रों संयोजन से विभिन्न शॉट्स की परिकल्पना को स्थापित किया गया है।*

फिल्म सम्पादन और उसकी तकनीकी शब्दावली

फिल्म सम्पादन फिल्म निर्माण की एक बहुत महत्त्वपूर्ण क्रिया है जिसके अन्तर्गत 'शॉट्स' को एक क्रम में लगाया जाता है और यह क्रम कहानी को दृश्यात्मक रूप में प्रस्तुत करता है। फिल्म निर्माण में सम्पादक की बहुत महत्त्वपूर्ण भूमिका होती है। वह न केवल 'शॉट्स' को जोड़कर 'सीक्वेंस' बनाता है बल्कि प्रस्तुति में अपना रचनात्मक योगदान भी देता है।

पटकथाकार को फिल्म सम्पादन सम्बन्धी बुनियादी जानकारियाँ होनी चाहिए। फिल्म सम्पादन में प्रायः निम्न तकनीकों का प्रयोग किया जाता है। इसकी पारिभाषिक शब्दावली का ज्ञान आवश्यक है।

कट

सम्पादन करते समय 'विजुअल ट्रांजीशन' (दृश्य-परिवर्तन) की पद्धति को कट कहते हैं। इसके माध्यम से एक शॉट को दूसरे शॉट से जोड़ा जाता है। पर्दे पर एक शॉट के बाद दूसरा शॉट आ जाता है।

स्टैबलिशिंग शॉट (Establishing shot)

दृश्य के कार्य-व्यापार को स्थापित करने तथा लोकेशन को सामने लाने के लिए इस शॉट को प्रायः प्रसंग से पहले रखा जाता है। इसके माध्यम से दृश्य के पात्र और लोकेशन स्पष्ट होते हैं।

फेड

एक शॉट धुँधला पड़ने लगता है और उसके स्थान पर दूसरा शॉट पर्दे पर उभरने लगता है। प्रायः इसका प्रयोग टाइम और लोकेशन में आनेवाले परिवर्तन के लिए किया जाता है।

फाइनल कट

सम्पादन के बाद जब फिल्म पूरी तरह तैयार हो जाती है तथा निर्देशक और निर्माता सम्पादन से सहमत होते हैं। सम्पादित फिल्म का यह रूप 'फाइनल कट' कहलाता है।

जम्प कट

सम्पादन के दौरान कट के माध्यम से दो ऐसे प्रसंगों को जोड़ना जिनके बीच तारतम्य (Continuity) न हो।

मैच कट

दो शॉट्स को ऐसे बिन्दु से जोड़ा जाता है जहाँ दोनों शॉट्स का दृश्यात्मक प्रभाव समान हो। इसके माध्यम से सशक्त तारतम्यता (Strong Continuity) बनती है।

रफ़ कट

सम्पादक पहली बार शॉट्स को जोड़कर फिल्म का प्रारम्भिक स्वरूप स्थापित करता है। इस सम्पादन को 'रफ कट' कहते हैं।

सीक्वेंस शॉट (Sequence Shot)

एक लम्बा शॉट जिसके माध्यम से पूरे प्रसंग या दृश्य का चित्रण होता है। यह केवल एक शॉट होता है तथा इसका सम्पादन नहीं किया जाता।

वाइप

पर्दे पर दिखाई पड़नेवाला दृश्य एक तरफ से साफ होने लगता है। एक लाइन (Bar) दृश्य को खत्म करती चली जाती है और उसके स्थान पर दूसरा शॉट उभरता है। आजकल प्रायः वाइप का प्रयोग कम किया जाता है।
इसके अतिरिक्त सम्पादन सम्बन्धी कुछ जानकारियाँ इस अध्याय के प्रारम्भ में दे दी गई है।

साउंड रिकार्डिंग और तकनीकी शब्दावली

फिल्म में साउंड रिकार्डिंग के लिए स्थिति और सुविधा के अनुसार कई तरह के माइक्रोफोन्स का प्रयोग किया जाता है। प्रायः निम्न प्रकार के माइक्रोफोन काम में लाये जाते हैं।

बूम माइक

यह माइक हल्की धातु की बनी लम्बी और मोटी छड़ी के अगले भाग में लगा होता है। रिकार्डिंग के समय छड़ के कोने पर लगा माइक रिकार्डिंग के लिए वक्ता या अभिनेता के सिर के ऊपर इस तरह रहता है कि वह फिल्म के फ्रेम में नहीं आता।

लेपेल माइक

छोटे माइक्रोफोन जो अभिनेता के कपड़ों में कहीं छिपा दिए जाते हैं ताकि आवाज को अच्छी ढंग से रिकार्ड किया जा सके और माइक दिखाई न दे।

डबिंग

शूटिंग के समय रिकार्ड किए गये संवादों के स्थान पर अभिनेता द्वारा साउंड स्टूडियो में वही संवाद फिर से रिकार्ड किए जाते थे। होंठों आदि के एक्शन से संवाद मैच करें इसलिए फिल्म का संदर्भित दृश्य भी अभिनेता को दिखाया जाता है।

फेड आउट

आवाज धीरे-धीरे कम होने लगती है और फिर समाप्त हो जाती है।

फेड इन

इसमें फेड आउट की उल्टी प्रक्रिया है।

सिंक साउंड

एक्शन के साथ आवाज का तालमेल बैठाया जाता है।

डायरेक्ट साउंड

शॉट में जिस स्थान पर शूटिंग की गई है वहाँ की ध्वनि का प्रयोग किया जाता है।

साउंड ब्रिज

एक दृश्य की ध्वनि विस्तार लेकर दूसरे दृश्य तक चली जाती है। इसका प्रयोग ध्वनि द्वारा तारतम्य बनाने के लिए किया जाता है।

वायस ओवर

पात्र संवाद नहीं बोलते पर्दे के पीछे से संवाद सुनाई देता है या जानकारी मिलती है। इसका प्रयोग पात्रों के विचार, मनोदशा या भविष्य में किए जानेवाले कामों से सम्बन्धित होता है।

साउंड इफैक्ट

शॉट या दृश्य को प्रभावशाली बनाने के लिए ध्वनि का प्रयोग किया जाता है। यह ध्वनि किसी भी प्रकार की हो सकती है।

एन.जी. शॉट्स

जो शॉट्स अच्छे नहीं होते उन्हें एन.जी. अर्थात् नॉट गुड शॉट्स कहा जाता है।

डॉक्युमेंट्री लेखन

डॉक्युमेंट्री फिल्म के लिए हिन्दी में वृत्तचित्र शब्द का प्रयोग किया जाता है। डॉक्युमेंट्री के लिए दस्तावेजी फिल्म का प्रयोग भी प्रचलित है। डॉक्युमेंट्री फिल्म के माध्यम से किसी प्रकार का यथार्थ सामने आता है। डॉक्युमेंट्री फिल्म विभिन्न प्रकार की घटनाओं, समस्याओं या परिस्थितियों पर केन्द्रित हो सकती है। ध्यान देने योग्य तथ्य यह है कि डॉक्युमेंट्री फिल्म का आधार केवल यथार्थ होता है। डॉक्युमेंट या दस्तावेज़ से तात्पर्य यही है कि इस पर आधारित फिल्म यथार्थ को सामने लाएगी। डॉक्युमेंट्री फिल्में स्टॉक या वीडियो फॉर्मेट में बनाई जाती हैं।

दृश्य और श्रव्य माध्यम के आधार पर बनाई जाने वाली ऐसी फिल्मों के लिए डॉक्युमेंट्री शब्द का सर्वप्रथम प्रयोग राबर्ट फ्लैहर्टी (Robert Flaherty–Feb. 16, 1884-July 23, 1951) की फिल्म मोआना (Moana) के लिए 'न्यूयार्क सन' समाचार पत्र में 8 फरवरी सन् 1926 में किया गया था। डॉक्युमेंट्री के सन्दर्भ में लिखा गया था कि डॉक्युमेंट्री सिनेमा का एक ऐसा नया स्वरूप है जिसमें मूल अभिनेता और मूल दृश्य प्रस्तुत किए जाते हैं जिनके माध्यम से आधुनिक जीवन की तर्कसंगत व्याख्या होती है। डॉक्युमेंट्री फिल्म के अन्य व्याख्याता डिज़िगा वर्तोव (Dziga Vertov, 2 Jan., 1896-12 Feb. 1954) ने डॉक्युमेंट्री की व्याख्या करते हुए उसे जीवन जैसा माना है।

भारत में डॉक्युमेंट्री फिल्मों का इतिहास हरीशचन्द्र सखाराम भटवाडेकर (Harishchandra Sakharam Bhatwadekar) की 1899 में बनाई एक फिल्म से माना जाता है जो बम्बई के हैंगिंग गार्डन में आयोजित दो पहलवानों की कुश्ती पर केन्द्रित थी। इसके बाद इस युग में फैक्चुअल फिल्मों (Factual Films) के विषय खेल-तमाशे, जन-समारोह, त्योहार, जनता का दैनिक जीवन, पारसी नाटक की झलकियां आदि हुआ करते थे। भारतीय सिनेमा के जनक दादा साहब फाल्के ने 1917 में फिल्म निर्माण कला के संबंध में एक डॉक्युमेंट्री फिल्म बनाई थी। 1920 में लोकमान्य तिलक के अन्तिम संस्कारों पर केन्द्रित एक डॉक्युमेंट्री फिल्म भी उल्लेखनीय है। इन छुटपुट प्रयासों के बाद 19वीं शताब्दी के चौथे दशक में डॉ. पी.वी. पाथे, एस.के. हिरलेकर और डॉ. डी.डी. तेंदुलकर ने डॉक्युमेंट्री फिल्मों की परिकल्पना और निर्माण को एक आधार दिया। सामाजिक समस्याओं और राजनीतिक गतिविधियों पर डॉक्युमेंट्री फिल्में बनाई जाने लगीं। द्वितीय विश्वयुद्ध के दौरान युद्ध प्रचार के लिए डॉक्युमेंट्री फिल्में बनाई गयी थीं।

लेकिन ब्रिटिश सरकार द्वारा बनाए गए फिल्म एडवाइज़री बोर्ड के अध्यक्ष एलेक्जेंडर शॉ (Alexander Shaw) ने कुछ सामाजिक और औद्योगिक विषयों पर भी फिल्में बनाई थी जिनका कोई सीधा संबंधा युद्ध प्रचार से नहीं था। इसके अतरिक्त ए., भास्कर राव ने भी कुछ प्रारम्भिक वृत्तचित्रों का निर्माण किया था।

भारत में डॉक्युमेंट्री फिल्मों का दूसरा दौर 1948 में फिल्म डिवीजन बनाए जाने के बाद शुरू होता है। इस युग में जनता को सूचित किए जाने और विकास कार्यक्रमों पर प्रकाश डालने के लिए डॉक्युमेंट्री फिल्में बनाई जाती थीं। सरकारी प्रयासों के अतिरिक्त आँर्ट फिल्म ऑफ एशिया जैसी संस्थाएं भी बनी थी जिन्होंने सामाजिक जीवन के विभिन्न पक्षों पर डॉक्युमेंट्री फिल्में बनाई थीं। डॉक्युमेंट्री निर्माण के क्षेत्र में कुछ व्यावसायिक घरानों, मुख्य रूप से 'बर्माशेल' की ओर से तकनीकी विषयों पर फिल्में बनाई गई थीं। फिल्म डिवीजन के अन्तर्गत एस.एन. एस. शास्त्रे और सुखदेव ने कुछ अत्यन्त महत्वपूर्ण डॉक्युमेंट्री फिल्में बनाई थीं।

आज डॉक्युमेंट्री फिल्मों का क्षेत्र बहुत व्यापक हो गया है। गैरसरकारी स्तर पर बड़ी संख्या में डॉक्युमेंट्री फिल्मों का निर्माण हो रहा है। अलग-अलग विषयों पर बनी डॉक्युमेंट्री फिल्में राष्ट्रीय और अन्तर्राष्ट्रीय स्तर पर अपनी पहचान बना चुकी हैं।

डॉक्युमेंट्री निर्माण की प्रक्रिया

पहला बिंदु–

विषय का चयन डॉक्युमेंट्री फिल्म निर्माण का पहला और अत्यन्त ही महत्वपूर्ण चरण है। विषय चुनते समय यह ध्यान में रखना आवश्यक है कि विषय स्पष्ट हो और प्रभावी वर्ग (target audience) की उसमें रुचि हो। डॉक्युमेंट्री फिल्में प्रायः बड़े जन समुदाय के लिए बनाई जाती हैं। इसलिए विषय के महत्त्व, उपयोगिता और लोकप्रियता पर विचार करना आवश्यक है। विषय में ऐसा आकर्षण होना भी जरूरी है कि दर्शक उसमें रुचि लेते रहें। विषय चुनते समय यह बात भी ध्यान में रखनी चाहिए कि विषय से सम्बन्धित कहां, कितनी, कैसी सामग्री उपलब्ध है।

दूसरा बिंदु–

इस बात पर विचार करना आवश्यक है कि विषय वस्तु की क्या परिधि और उसका क्या उद्‌देश्य होगा। यह निश्चित करने के बाद ही डॉक्युमेंट्री फिल्म की एक रूपरेखा बन पाएगी। यह भी अनुमान लगाया जा सकेगा कि फिल्म कहां से शुरू होगी, उसके अन्तर्गत क्या-क्या आएगा और वह कहां समाप्त होगी।

तीसरा बिंदु–

किसी भी विषय पर डॉक्युमेंट्री बनाने से पहले संबंधित विषय पर शोध कार्य करना आवश्यक है। इस शोध कार्य के तीन चरण होते हैं। सबसे पहले विषय के सभी पक्षों पर सामग्री और जानकारी जमा की जाती है। उसके बाद उन जगहों (लोकेशन) को तय किया जाता है जहां शूटिंग की जानी है। फिल्म और लोकेशन से संबंधित विशेषज्ञों तथा उन लोगों की सूची तैयार की जाती है जिनके साक्षात्कार किए जाने हैं। शोध कार्य पूरा हो जाने के बाद ही डॉक्युमेंट्री का स्वरूप निर्धारित होता है।

चौथा बिंदु–

डॉक्युमेंट्री के लिए उपलब्ध सामग्री के आधार पर और विषय की परिधि को ध्यान में रखते हुए एक रूपरेखा बनाई जाती है जिसके माध्यम से यह जानकारी होती है कि फिल्म किस प्रकार शुरू होगी, किस रूप में आगे बढ़ेगी, किस स्थान पर किन व्यक्तियों के साक्षात्कार डाले जाएंगे और क्रमशः फिल्म का विकास कैसे होगा। डॉक्युमेंट्री का प्रारम्भ और उसका अन्त दोनों अत्यन्त महत्त्वपूर्ण बिंदु हैं जिन पर विस्तार से विचार करना आवश्यक है। डॉक्युमेंट्री का अन्त न केवल विषय का समापन करता है बल्कि दर्शक को संवेदनशील भी बनाता है।

पांचवां बिंदु–

डॉक्युमेंट्री की आउट लाइन बनाने के बाद शोध के आधार पर सूचनाओं और जानकारियों को चिन्हित स्थलों पर रखा जाता है। यह पता लगता है कि कौन सा पक्ष या तथ्य किस रूप में उभर रहा है या किस पक्ष को किस ढंग से सुदृढ़ किया जा सकता है।

छठवां बिंदु–

डॉक्युमेंट्री की आउट लाइन बनाने के बाद उन स्थलों का पता लग जाता है जहां वायस ओवर (Voice over) की आवश्यकता पड़ेगी। वायस ओवर से तात्पर्य दृश्य के साथ दी जाने वाली केमेन्ट्री है। दृश्य गतिमान रहता है और पीछे से उस पर टिप्पणी की जाती है या अपेक्षित विवरण दिया जाता है। प्रायः परिवेश का चित्रण करने वाले दृश्यों में वायस ओवर का प्रयोग किया जाता है।

दरअसल डॉक्यूमेंट्री फिल्म लेखन वायस ओवर लेखन ही है। वायस ओवर की रिकार्डिंग करने के बाद संपादन के समय दृश्यों के साथ उसका संयोजन किया जाता है। वायस ओवर

की भाषा सीधी सरल प्रभावशाली और पूरी तरह संप्रेषित होने वाली भाषा होती है। वायस ओवर की भाषा में प्राय: लम्बे वाक्य नहीं होते। भाषा में कलात्मकता का हल्का-सा पुट होता है जो उसे अधिक प्रभावशाली बनाता है। यह ध्यान देने योग्य महत्त्वपूर्ण तथ्य है कि वायस ओवर दृश्य का विवरण नहीं देता, उसकी व्याख्या नहीं करता बल्कि उस पर टिप्पणी करता है। उदाहरण के लिए अगर दृश्य एक अकाल ग्रस्त परिवार का विवरण दे रहे हों तो वायस ओवर दृश्य में दिखाए जाने वाले तथ्य को दोहरा कर यह नहीं कहेगा कि यह परिवार अकाल से पीड़ित है क्योंकि वह तो दर्शक स्वयं देख रहा है। वायस ओवर दृश्य को विस्तार देता है।

डॉक्यूमेंट्री का स्वरूप

यह विवाद का विषय है कि यदि डॉक्यूमेंट्री सत्य से साक्षात्कार करने का एक माध्यम है तो उसे लिखा कैसे जा सकता है। यदि डॉक्यूमेंट्री में वास्तविक पात्र स्वयं अपने संवाद बोलते हैं, परिस्थितियां वास्तविक हैं और घटनाएं पूरी तरह सच हैं तो उसमें लेखक की भूमिका क्या रह जाती है? सच्चाई ये है कि डॉक्यूमेंट्री के लिए लेखन का न कोई निश्चित स्वरूप हो सकता है और न फीचर फिल्मों और सीरियल की तरह उसकी कोई पटकथा लिखी जा सकती है। इसका एक कारण ये भी है कि डॉक्यूमेंट्री का सत्य अपने आपको विकसित करता हुआ लगातार आगे बढ़ता रहता है इसलिए किसी पूर्व निर्धारित तथ्य के अंतर्गत इसे लिखा नहीं जा सकता। लेकिन फिर भी डॉक्यूमेंट्री के कुछ अंश व्याख्या की मांग करते हैं। यह व्याख्या विवरण देने वाली या व्याख्या करने वाली हो सकती है। डॉक्यूमेंट्री लेखन के पक्षों पर बात करने से पहले यह आवश्यक है कि डॉक्यूमेंट्री के स्वरूप पर विचार किया जाए।

सत्य को कई तरह से उद्‍घाटित और स्थापित किया जा सकता है। सत्य को उद्‍घाटित करने का एक तरीका यह हो सकता है कि उसे चित्र द्वारा प्रस्तुत कर दिया जाए। दूसरा तरीका यह हो सकता है कि कोई भुक्त भोगी उस सत्य का विवरण दे। तीसरे तरीके के अंतर्गत सत्य पर आधारित किसी दस्तावेज़ को पेश किया जा सकता है। सत्य को प्रमाणित करने के लिए कुछ आंकड़े भी पेश किए जा सकते हैं। जिस प्रकार अदालत में वकील गवाहों से जिरह करते हुए सत्य तक पहुंचने की कोशिश करता है उस प्रकार की जिरह भी सत्य को उद्‍घाटित कर सकती है। डॉक्यूमेंट्री फिल्में अपनी प्रकृति के आधार पर उपरोक्त तरीकों में से कुछ या सभी तरीकों में से सत्य को स्थापित करती हैं। इस तरह डॉक्यूमेंट्री फिल्मों में निम्न अंश होते हैं।

1. दृश्य और श्रव्य माध्यम से तथ्यों का उद्घाटन
2. भुक्तभोगी का विवरण
3. दस्तावेजी सुबूत
4. आंकड़े
5. साक्षात्कार
6. सत्य पर आधारित विवरण (वाइस ओवर)
7. संगीत और ध्वनि प्रभाव

डॉक्यूमेंट्री फिल्मों में विषय की प्रकृति के अनुसार उपर्युक्त तत्त्व कम या अधिक मात्रा में हो सकते हैं।

डॉक्यूमेंट्री फिल्में किसी भी विषय पर बनायी जा सकती है। परंतु प्रायः डॉक्यूमेंट्री फिल्में सामाजिक, राजनैतिक, सांस्कृतिक और वैज्ञानिक विषयों पर बनायी जाती हैं। विषय के अनुसार डॉक्यूमेंट्री फिल्मों का स्वरूप बदलता है। उदाहरण के लिए किसी राजनैतिक विषय पर बनायी गई डॉक्यूमेंट्री का स्वरूप चित्र कला पर बनायी गई डॉक्यूमेंट्री से भिन्न होगा। राजनैतिक विषय पर आधारित डॉक्यूमेंट्री जिन तथ्यों की मांग करती है वे कलात्मक डॉक्यूमेंट्री की मांग से भिन्न हो सकती हैं। इस भिन्नता के कारण अलग-अलग विषयों पर बनने वाली डॉक्यूमेंट्री फिल्मों का स्वरूप भी भिन्न होता है।

आधुनिक डॉक्यूमेंट्री फिल्में सत्य का अन्वेषण करने के लिए कोई एक तरीका नहीं बल्कि कई तरीकों का प्रयोग करती हैं। इन तरीकों में सत्य को सूत्रबद्ध करने के लिए विवरण देना आवश्यक हो जाता है। विवरण से मतलब दृश्यों में बहुपक्षीय यथार्थ को रेखांकित करने के लिए 'वॉयस ओवर' (Voice Over) दिया जाता है।

डॉक्यूमेंट्री लेखन प्रारूप

विषय निर्धारित करने और शोध इत्यादि के बाद डॉक्यूमेंट्री की एक मोटी-मोटी रूपरेखा तय होती है। इसके अंतर्गत यह तय होता है कि विषय के विभिन्न पक्षों को किस प्रकार से सामने लाया जाएगा। यह निश्चित किया जाता है कि कौन-सी जानकारी लोकेशन पर लिए गये शॉट्स के माध्यम से दी जाएगी और कौन-सी जानकारी दस्तावेजों के माध्यम से या साक्षात्कार के माध्यम से प्रस्तुत की जाएगी। यह ध्यान में रहना आवश्यक है कि जानकारियां देने के लिए किसी एक पद्धति का लगातार प्रयोग नहीं किया जाना चाहिए। प्रायः ऐसा नहीं होता कि कोई डॉक्यूमेंट्री केवल साक्षात्कार पर केंद्रित हो या उसमें केवल

दस्तावेज दिखाए गये हों या केवल लोकेशन शूटिंग पर आधारित हो। कहने का तात्पर्य यह है कि सत्य को सामने लाने के जितने संभावित तरीके हैं उन सबके मिश्रण से डॉक्यूमेंट्री का एक स्वरूप बनता है। यह स्वरूप उबाऊ नहीं होता और इसमें अधिक से अधिक जानकारियां देने की संभावना होती है।

सबसे पहले डॉक्यूमेंट्री के स्वरूप के आधार पर सामग्री को 'सीक्वेंस' में बांटा जाता है। इसके बाद प्रत्येक सीक्वेंस के लिए शॉट्स निर्धारित किये जाते हैं। लेकिन जैसा कि कहा जाता है, डॉक्यूमेंट्री प्रायः एडिटिंग टेबल पर बनती है। उसे प्रारम्भ से लेकर अंत तक लिखे जाने की प्रथा नहीं है। इन बिंदुओं को ध्यान में रखते हुए डॉक्यूमेंट्री निर्देशक प्रायः फिल्म का एक ऐसा स्वरूप निर्धारित करता है जो लचीला हो।

नीचे दी गई विधि के अनुसार डॉक्यूमेंट्री के बिंदुओं को समझा जा सकता है। परंतु **डॉक्यूमेंट्री बनाने से पूर्व प्रायः कोई निश्चित पटकथा नहीं तैयार की जा सकती।** नीचे केवल पटकथा का आधार प्रारूप दिया जा रहा है।

अनुक्रम-1

शॉट सं.	विजुअल	वी.ओ. (कमेण्ट्री)	संगीत तथा ध्वनि प्रभाव	सेकेंड में शॉट की अवधि
शॉट्स की संख्या का उल्लेख किया जाता है	शॉट का विवरण लिखा जाता है। यह शाट किसी लोकेशन, किसी गतिविधि, किसी व्यक्ति, या किसी दस्तावेज का हो सकता है	उन शब्दों का उल्लेख किया जाता है जो शॉट के साथ दर्शक को सुनाई देते हैं	इसके अंतर्गत ध्वनि प्रभाव और संगीत का उल्लेख किया जाता है।	इसके अंतर्गत शॉट्स की अवधि का उल्लेख होता है

'वायस ओवर' डॉक्यूमेंट्री की परिकल्पना का एक अभिन्न हिस्सा है। 'वायस ओवर' विषय और परिस्थितियों के अनुसार गतिशील होता है अर्थात् उन सब आवश्यकताओं को पूरी करता है जो दस्तावेजी प्रमाण देने के बाद भी रह जाती हैं।

डॉक्यूमेंट्री फिल्मों की जटिल संरचना और नये विषयों के कारण नयी चुनौतियां डॉक्यूमेंट्री निर्देशकों के सामने आती हैं। श्रेष्ठ डॉक्यूमेंट्री बनाना एक कठिन और जटिल कला है।

डाक्युड्रामा लेखन

डाक्युमेंट्री और ड्रामा के तत्वों के सम्मिश्रण से डाक्युड्रामा नामक विधा का स्वरूप सुनिश्चित होता है। लेकिन यहाँ ड्रामा से अभिप्राय कथात्मक नाटक नहीं बल्कि वास्तविक जीवन की नाट्य प्रस्तुति है। 'डाक्युड्रामा' में काल्पनिक कथात्मकता नहीं होती। जीवन में जो कुछ घट चुका है उसका सीधे और सच्चे रूप में फिल्मांकन तथा उसके साथ डाक्युमेंट्री के तत्वों के सम्मिश्रण से डाक्युड्रामा अस्तित्व में आता है।

'डाक्युड्रामा' तथ्यों पर बल देता है। तथ्यों में कल्पना का कोई मिश्रण नहीं किया जाता। तथ्यों को दर्शक के सामने रखा जाता है ताकि दर्शक स्वयं अपने नतीजे निकाल सकें। डाक्युमेंट्री फिल्म के विपरीत डाक्युड्रामा दर्शक को फिल्म निर्देशक के दृष्टिकोण या सरोकारों के प्रति कन्विंस करने का काम भी नहीं करता। डाक्युमेंट्री में अभिनेताओं की सहायता से वास्तविक घटना को नाटकीय बना कर प्रस्तुत नहीं किया जाता। केवल यह बताया जाता है कि अमुक व्यक्ति ने अमुक व्यक्ति से क्या कहा था। लेकिन डाक्युड्रामा में पूरे प्रसंग का वास्तविक अभिनय प्रस्तुत किया जाता है।

'डाक्युड्रामा' को 'ड्रामा डाक्युमेंट्रीज' या 'नाटकीय डाक्युमेंट्री' भी कहा जाता है। डाक्युड्रामा नाम की इस विधा की आलोचना करते हुए यह भी कहा जाता है कि तथ्यों को नाटकीय ढंग से प्रस्तुत करने का काम बहुत ईमानदारी या निष्पक्षता से नहीं किया जा सकता। कहीं न कहीं फिल्मकार का अपना दृष्टिकोण या मत उसमें शामिल हो जाता है। इसलिए यह कहना उचित नहीं है कि डाक्युड्रामा के माध्यम से तथ्यों या घटनाओं को सही प्रकार से देखा या समझा जा सकता है।

डाक्युड्रामा का इतिहास बहुत पुराना नहीं है। बीसवीं शताब्दी के उत्तरार्द्ध में द्वितीय विश्व युद्ध के बाद निर्देशक लूइस डी रोचीमोण्ट (Louis de Rochemont (1899-1978) को इस विधा का जनक माना जाता है। उन्होंने फिल्म के माध्यम से कुछ वास्तविक घटनाओं को यथार्थवादी ढंग से पुनः प्रस्तुत किया जिसे उस समय 'डाक्युड्रामा' का नाम दिया गया था। उनका यह स्टाइल बहुत जल्दी अत्यंत लोकप्रिय गया था। कई फीचर फिल्मों के निर्देशकों ने भी इसके प्रभाव में फिल्में बनायी थीं तथा डाक्युड्रामा की विधा स्थापित हो गई थी।

डाक्युड्रामा लेखन में डाक्युमेंट्री और कथात्मक लेखन के तत्व सम्मिलित होते हैं। डाक्युमेंट्री के तत्व और फीचर फिल्मों तथा धारावाहिक लेखन के तत्व मिलकर डाक्युड्रामा की पटकथा बनाते हैं। ड्राक्युड्रामा के विषय पर पर्याप्त शोध करने के बाद यह निर्णय लिया जाता है कि कौन से तथ्य ड्रामा के रूप में दिखाये जाएँगे और कौन से दूसरे तथ्य 'डाक्युमेंट्री फारमैट' में रखे जाएँगे। इस प्रकार डाक्युड्रामा की पटकथा दो भागों में बंट जाती है।

डाक्युड्रामा पटकथा

डाक्युमेंट्री अंश

कथात्मक अंश
(पूर्व में घटी घटना की प्रस्तुति)

डाक्युमेंट्री अंशों के लेखन के प्रति वही प्रक्रिया अपनाई जाती है जिसका उल्लेख पिछले अध्याय में किया गया है।

कथात्मक अंशों की पटकथा लिखने के लिए लोकेशन और टाइम के अनुसार दृश्य बनाए जाते हैं। दृश्यों की कथावस्तु के अनुसार पात्रों की भूमिका और उनके संवाद लिखे जाते हैं। दोनों अंशों के मिश्रण से 'डाक्युड्रामा' की पटकथा बनती हैं।

कथात्मक अंश का उद्देश्य चूंकि वास्तविक घटना की पुनरावृत्ति होता है इसलिए पात्रों तथा संवादों का तथ्यपरक होना अनिवार्य है। इन अंशों में कल्पना का समावेश तथ्यों के आधार पर ही किया जाता है। लेखक और निर्देशक भरपूर प्रयास करता है कि पात्र, संवाद और घटनाओं की प्रस्तुति वास्तविक घटना जैसी ही हो।

डाक्युड्रामा और डाक्युमेंट्री की समानताओं और अंतर को समझने के लिए नीचे लिखे तालिका पर ध्यान दें।

डाक्युमेंट्री और डाक्युड्रामा में समानता और अंतर

स्वरूपगत विवरण	डाक्युमेंट्री	डाक्युड्रामा
यथार्थ पर आधारित	✓	✓
भुक्त भोगी का साक्षात्कार	✓	×
दस्तावेजी प्रमाण	✓	✓
आँकड़ों द्वारा स्थापना	✓	✓
वायस ओवर	✓	✓

संगीत तथा ध्वनि प्रभाव	✓	✓
कथात्मक प्रसंगों का फिल्मांकन	✗	✓
पात्रों द्वारा अभिनय	✗	✓
निर्देशक का दृष्टिकोण	✓	✗
परिवेश की पुर्नप्रस्तुति	✗	✓

फिल्म और वीडियो के क्षेत्र में बदलती और विकसित होती टेकनॉलोजी ने डाक्युमेंट्री और डाक्युड्रामा की परिभाषाओं पर भी प्रभाव डाला है। यही कारण है कि 'डाक्युड्रामा' विधा फीचर फिल्मों तक अपने पैर पसार चुकी है। कहानी की तुलना में यथार्थ के प्रति दर्शक के स्वाभाविक आकर्षण ने डाक्युड्रामा को लोकप्रिय बनाया है। उत्तरी अमेरिका में डाक्युड्रामा एक लोकप्रिय विधा है। लेकिन इसके साथ-साथ डाक्युड्रामा की सीमाओं और हानियों को रेखांकित करने वालों की संख्या भी कम नहीं है। कहा जाता है कि डाक्युड्रामा यथार्थ और कल्पना की सीमाओं को धुंधला कर देता है। कहानी और सच्चाई आपस में इस तरह मिल जाते हैं कि दर्शक के लिए सत्य तक पहुँचना कठिन हो जाता है। लेकिन इस आलोचना के बाद भी डाक्युड्रामा न केवल लोकप्रिय हो रहा है बल्कि उसका एक स्वरूप 'रियलिटी शो' के रूप में नये आयाम निधार्रित कर रहा है।

फिल्म और टी.वी. के कथात्मक लेखन में अंतर

बुनियादी तौर पर दृश्य-श्रव्य माध्यम होने के बाद भी टी.वी. और फिल्म में बहुत अंतर है। न केवल दोनों माध्यमों की तकनीक अलग है बल्कि उनका स्वभाव भी अलग है। फिल्म का माध्यम दर्शक के साथ बहुत आत्मीय और विशेष संबंध स्थापित करता है। फिल्में प्राय: सिनेमा हाल में दिखाई जाती हैं जहाँ दर्शक फिल्म देखने के उद्‌देश्य से जाता है। फिल्म शुरू होने से पहले सिनेमा हाल में अंधेरा कर दिया है। सामने बड़े पर्दे पर फिल्म शुरू हो जाती है। दर्शक फिल्म के अतिरिक्त और कुछ नहीं देखता। वह एकाग्रता से केवल रजतपटल पर आनेवाली छवियों को निहारता है और पात्रों द्वारा बोले संवाद बहुत स्पष्ट रूप से सुनता है। बड़े पर्दे पर विभिन्न प्रकार से और विभिन्न कोणों को पात्रों को देखता है। कहीं दर्शक को पात्र का केवल चेहरा दिखाई पड़ता है और कहीं व्यापक और भव्य और विशाल दृश्य दिखाई देते हैं। पूरी अवधि के दौरान दर्शन पूरी तन्मयता, एकाग्रता और बिना किसी बाधा के केवल पर्दे को निहारता रहता है। इसमें किसी तरह का कोई अवरोध नहीं होता।

टी.वी. का माध्यम अलग तरह का है। टी.वी. सेट का पर्दा छोटा होता है। टी.वी. प्राय: घरों या सार्वजनिक स्थलों में देखा जाता है। टी.वी. देखने के लिए रौशनी बंद नहीं की जाती। घर के एक कमरे में टी.वी. देखने के साथ-साथ दर्शक प्राय: दूसरे काम भी करता रहता है। इस कारण दर्शक जिस एकाग्रता से फिल्म देखता है उस प्रकार की एकाग्रता से टी.वी. नहीं देखता। टी.वी. पर दिखाये जाने वाले कार्यक्रमों से उसका ध्यान हटता रहता है।

दूसरी महत्त्वपूर्ण बात टी.वी. के छोटे पर्दे पर क्लोजअप और मीडियम शॉट तो प्रभाव छोड़ते हैं लेकिन लांग शॉट उस प्रकार नहीं देखे जा सकते जैसे फिल्म में देखे जाते हैं। टी.वी. पर लांग शॉट दर्शक पर वह प्रभाव भी नहीं डालते जैसा फिल्म में डालते हैं। इस प्रकार दो प्रमुख कारणों से फिल्म और टी.वी. के प्रति दर्शक का दृष्टिकोण अलग हो जाता है।

पर्दे का आकार और दर्शक की एकाग्रता दोनों माध्यमों की प्रकृति पर पर्याप्त प्रभाव डालते हैं। फिल्मकार अच्छी तरह जानता है कि उसे 'कैप्टिव ऑडियन्स' मिलेगी। ऐसे दर्शक मिलेंगे जो दो घंटे केवल उसकी फिल्म ही देखेंगे। फिल्म और दर्शक के बीच कोई बाधा नहीं होगी। फिल्म के बड़े पर्दे पर वे लांग शॉट को अच्छी तरह देख पाएँगे और सराहना कर सकेंगे। पर्दे पर वे फिल्म के छोटे से छोटे आत्मीय प्रसंग को अच्छी तरह अनुभव कर सकेंगे। संवाद सुनने में भी दर्शक को कोई कठिनाई नहीं होगी। हद यह है कि दर्शक एक छोटी-सी सिसकी या कराह भी सफलता से सुन सकेंगे। एकाग्र अवलोकन के कारण दर्शक पात्रों से सहज और आत्मीय रिश्ता बना सकेंगे तथा पात्रों के जटिल संबंधों की सूक्ष्मताओं को समझ सकेंगे।

टेलीविजन सीरियल या कथात्मक कार्यक्रमों का निर्देशक जानता है कि उसका कार्यक्रम घरों या सार्वजनिक स्थलों में देखा जाएगा। कार्यक्रम देखने के दौरान दर्शक दैनिक कार्य भी कर सकते हैं और आपस में बातचीत भी हो सकती है। इसके अलावा दूसरी तरह के व्यवधान भी संभव हैं। ऐसी स्थिति में दर्शक की एकाग्रता नहीं बनी रहेगी। छोटा पर्दा होने के कारण दर्शक लांग शॉट्स का पूरा रस भी नहीं ले सकेगा।

फिल्म और धारावाहिक का एक बड़ा अंतर उनकी कहानी में होता है। फिल्म की कहानी प्राय: दो-तीन घंटे में समाप्त हो जाती है जबकि धारावाहिक लगातार वर्षों तक चल सकते हैं। इस कारण फिल्मों में घटनाएँ, पात्रों की संख्या और उप-कथाएँ सीमित होती हैं जबकि धारावाहिक में इनकी संख्या अधिक होती है। टेलीविजन के पारिवारिक और सामुदायिक माध्यम होने के कारण उसका फिल्म की तुलना में मनोरंजन के प्रति अधिक झुकाव होता है। बहुत गंभीर और जटिल विषयों से धारावाहिक निर्देशक बचते हैं।

धारावाहिक और फिल्म के स्वभाव में एक अंतर विज्ञापनों के कारण भी आता है। फिल्म प्रदर्शन के बीच किसी प्रकार के विज्ञापन नहीं दिखाए जाते। जबकि धारावाहिक के बीच हर सात-आठ मिनट के बाद कम से कम दो-तीन मिनट के लिए विज्ञापन दिखाए जाते हैं। विज्ञापन अर्थात कॉमर्शियल ब्रेक व्यवधान डालते हैं। ऐसी स्थिति में दर्शक को आकर्षित करने के लिए निर्देशक के सामने केवल यही रास्ता बचता है कि धारावाहिक में कॉमर्शियल ब्रेक से पहले कथा में ऐसा नाटकीय मोड़ प्रस्तुत किया जाए जो दर्शक को बांधे रखे। यह बाध्यता फिल्म में नहीं होती।

फिल्म और टी.वी. में अंतर होने के कारण दोनों माध्यमों की कथावस्तु में अंतर आना स्वाभाविक है। कथा वस्तु का अंतर पटकथा पर भी प्रभाव डालता है। कहानी के चयन से लेकर स्क्रीन प्ले और संवाद तक फिल्म और धारावाहिक लेखन में अलग होते हैं। यद्यपि पटकथा लेखन की तकनीक एक ही है लेकिन विधागत और स्वरूपगत अंतर

का ध्यान लेखक को रखना चाहिए।

फिल्म और धारावाहिक लेखन के अंतर को निम्न बिन्दुओं के अंतर्गत समझा जा सकता है :

कहानी

	फिल्म	धारावाहिक
समय की अवधि	प्राय: सीमित	अति व्यापक
उपकथाएँ	सीमित	अनेक
परिवेश चित्रण बिन्दु	अधिक	कम

पात्र

	फिल्म	धारावाहिक
पात्रों की संख्या	प्राय: कम	प्राय: अधिक
विकास अवधि	प्राय: सामान्य समय	प्राय: अधिक समय
मुख्य पात्र	प्राय: कम	प्राय: अधिक
अंतर्संबंधों की जटिलता	प्राय: कम	प्राय: अधिक

द्वंद्व/नाटकीयता

	फिल्म	धारावाहिक
नाटकीयता	प्राय: सामान्य	अत्यधिक
चरम उत्कर्ष	एक	अनेक
अंतर्द्वंद्व	कम	अधिक

संवाद/भाषा

	फिल्म	धारावाहिक
नाटकीयता	सामान्य	अत्यधिक
स्थानीयता	सामान्य	सामान्य
स्वगत कथन	प्राय: नहीं	प्राय: अधिक

तालिकाओं में दिए गये फिल्म और धारावाहिक की पटकथा में अंतर के बिन्दुओं के अंतर्गत लेखक को धारावाहिक की पटकथा लिखते समय मुख्य रूप से निम्नलिखित पर ध्यान देना चाहिए :

1. धारावाहिक में पात्रों की उचित उपस्थिति
2. पात्रों की लम्बी श्रृंखला के बीच संतुलन
3. पात्रों का व्यापक ढंग से चरित्र-चित्रण
4. मुख्य कथा तथा उपकथाओं के बीच संयोजन
5. कथा और उपकथा के नाटकीय बिन्दुओं पर विशेष बल
6. दृश्यों की परिकल्पना में नाटकीयता
7. नाटकीयता के आधार पर कथा का एपीसोड में विभाजन
8. कथा के संवेदनात्मक सूत्रों का विकास
9. कथानक की पारिवारिक और सामुदायिक रुचि पर ध्यान
10. नाटकीयता तथा मनोरंजन पर विशेष ध्यान
11. भावात्मक प्रसंगों पर विशेष ध्यान
12. संबंधों के चित्रण की जटिलता
13. स्वगत कथन का महत्त्व
14. भाषा की सहजता

उपसंहार

पटकथा के लेखन के विभिन्न पक्षों को सामने रखने के बाद यह स्पष्ट हो जाता है कि सिनेमा और टी.वी. के लिए कथात्मक लेखन (Story Based Writing) एक तरह का तकनीकी लेखन है। हर तकनीकी लेखन में सृजनात्मकता का पुट बहुत ज़रूरी है। लेकिन ध्यान देने योग्य बात यह है कि पटकथा लेखन के लिए उपन्यासकार, कहानीकार या कवि होना आवश्यक नहीं है। इसी के साथ-साथ यह भी माना जाता है कि रचनात्मक प्रतिभा से सम्पन्न व्यक्ति पटकथा लेखन के क्षेत्र में अधिक सफल सिद्ध होते हैं। दरअसल सच्चाई केवल यह है कि रचनात्मक और सृजनात्मक प्रतिभा से सम्पन्न व्यक्ति पटकथा के क्षेत्र अपना उल्लेखनीय योगदान दे सकते हैं। सृजन और रचना की प्रतिभा किसी भी रूप में किसी भी व्यक्ति के अन्दर हो सकती है।

पटकथा लेखक के लिए यह आवश्यक है कि वह फिल्म और टी.वी. क्षेत्र में होने वाले उल्लेखनीय कार्यों से अवगत रहे। अच्छी फिल्में और उल्लेखनीय तथा लोकप्रिय टी.वी. प्रोग्राम देखकर पटकथाकार अपने को नई चुनौतियों के लिए तैयार कर सकता है। हिन्दी सिनेमा में बड़ी तेजी से परिवर्तन आ रहे हैं। इन परिवर्तनों का प्रभाव पटकथा लेखन पर भी पड़ रहा है। भारतीय सिनेमा के साथ-साथ विश्व सिनेमा की जानकारी भी पटकथा लेखकों के लिए महत्त्वपूर्ण है।

राष्ट्रीय और अंतर्राष्ट्रीय स्तर पर चर्चित तथा अन्य लोकप्रिय फिल्मों और टी.वी. कार्यक्रमों की पटकथाओं का अध्ययन भी महत्त्वपूर्ण है। फिल्में देखकर पटकथा की पूरी जानकारी मिल जाती है जो लेखक को नई दिशाएं दे सकती हैं।

पटकथा सामाजिक जागरूकता और राजनैतिक समझ, घटनाओं और पात्रों के मर्म को समझने की दृष्टि देती है। अच्छा पटकथाकार कुएँ का मेढक नहीं हो सकता। समाज राजनीति

तथा अंतर्राष्ट्रीय फलक पर होने वाले परिवर्तनों के अतिरिक्त पटकथाकार की साहित्य, कला और संस्कृति में रुचि लेखन को पैनापन देती है। अपनी भाषा के संस्कारों और उसके रूपों से पटकथाकार का जीवंत संबंध आवश्यक है।

केवल बॉलीवुड में नहीं देश की दूसरी भाषाओं में भी अच्छी पटकथाओं का स्वागत होता है और पटकथाकार के लिए अनंत संभावनाएं हैं।

●●●

विषय पर अन्य पुस्तकें

1. पटकथा कैसे लिखें – राजेंद्र पांडे, वाणी प्रकाशन दरियागंज, नई दिल्ली-02 (2006)
2. टेलीविजन लेखन – असग़र वजाहत, प्रभात रंजन, राधाकृष्ण प्रकाशन, नई दिल्ली (2006)
3. पटकथा लेखन – मनोहर श्याम जोशी, राजकमल प्रकाशन दिल्ली (2006)
4. Grammar of the Film Language, Hollywood, Calif. Silman - James Press, 1976
5. Writting the Screenplay : TV and Film. Belmont, Calif. Wads Worth, 1993
6. The Craft of the Screenwriter, New York, Simon & Schuster. 1981
7. Screen Writing for Television and Film. Dubuque, Iowa, Random House, 1993
8. Screenplay, New York, Dell 1982
9. Screen Writing : The Art, Craft and Business of Film and Television Writing, New York, Plume 1988
10. How to Write a selling Screen Play, New York, Broadway Books 1998.